COCINA PARA
DISFRUTONES

MARTÍN BERASATEGUI

COCINA PARA DISFRUTONES

80 recetas para chuparte los dedos

Grijalbo

Papel certificado por el Forest Stewardship Council®

Primera edición: noviembre de 2022

© 2022, Gourmandia Gastronomía, S.L.
© 2022, Penguin Random House Grupo Editorial, S.A.U.
Travessera de Gràcia, 47-49. 08021 Barcelona

Printed in Spain – Impreso en España

Diseño: Penguin Random House Grupo Editorial / David Ayuso
Fotografías: José Luis López de Zubiría

ISBN: 978-84-253-6337-5
Depósito legal: B-15.445-2022

Compuesto en Fotocomposición gama, sl
Impreso en Índice, S.L.
(Barcelona)

GR 63375

ÍNDICE

COCINERO DISFRUTÓN

Siempre hablo de la especialización de las cocinas y de la necesidad de que cada profesional o aficionado juegue en su liga con sus cartas y procurando ser el mejor, porque no hay negocio que ayude más a que todo fluya que la mesa diaria bien resuelta. Es fundamental que cada uno busque su hueco con tesón, disciplina y esfuerzo para lograr buenos resultados y disfrutar del día a día con felicidad, en el mercado o frente al fuego, ante el puchero.

Es nuestra responsabilidad ofrecer un buen recetario con el mejor producto, respetando la naturalidad y la estacionalidad, pues debe preocuparnos mucho la contaminación y la desaparición o el deterioro de muchos alimentos, que tendrán una gran repercusión en la cocina del mañana. Tenemos que estar con los productores y con las gentes del medio rural, y creo que nada les ayuda más que vayamos al mercado con frecuencia. Deseo que los cocineros del futuro tengan mayor conciencia ecológica que nosotros, que somos hijos y nietos de gente que peleó mucho, pero no tuvo tiempo para preocuparse de otras cosas más que de trabajar de sol a sol.

La clave para seguir construyendo una cocina auténtica y genuina pasa por la calidad del entorno. Aunque los paladares sean más exigentes y exijamos una imaginación explosiva, si el producto no es de calidad, no conseguiremos grandes platos ni tampoco felicidad. Trabajemos con ilusión y sin desmayo, pagando lo justo y merecido al que nos llene la cesta de la compra y enriqueciendo esa ley espiral fundamental: que nuestro entorno brille y todos disfruten con su trabajo para que nos luzca la melena. No hay que ser muy listo para darse cuenta de que nuestro mundo lo dominarán aquellos que se esfuercen y cuiden la materia prima y el medio ambiente, sin discusión. La familia que abrace estos valores, si come y cocina unida, permanecerá unida.

El futuro seguirá estando junto a la naturaleza, en sintonía con la tecnología, el sentido común y la camaradería. A este mundo hemos venido a ayudarnos y solo deseo que las recetas de este libro, hechas con todo el buen rollo por haber sido abuelo recientemente, contribuyan a ello y os hagan muy felices, como yo lo soy con mi nieta, Jara. En ella pienso cuando redacto este prólogo y para ella deseo un mundo mucho mejor y con más garrote. No dejemos para mañana lo que podamos hacer hoy y cocinemos desde ya con responsabilidad.

Martin Berasategui.

PRIMEROS PLATOS

ACELGAS CON BECHAMEL DE JAMÓN

4 COMENSALES

INGREDIENTES

ACELGAS

- 600 g de acelgas
- 40 g de mantequilla
- 2 dientes de ajo

BECHAMEL DE JAMÓN

- 1 trozo pequeño de hueso de jamón ibérico
- 500 ml de leche entera
- 200 g de jamón ibérico picado
- 40 g de harina
- 35 g de mantequilla
- sal y pimienta

PARA TERMINAR

- 150 g de queso tierno de vaca

PREPARACIÓN

PARA LAS ACELGAS

Lavar las acelgas con agua y separar las hojas de las pencas. Cortar las hojas en trozos y las pencas en bastones de 2 o 3 cm de largo. Cocinar la penca durante 10 minutos al vapor y saltear las hojas con la mantequilla y el ajo picado.

PARA LA BECHAMEL DE JAMÓN

En una olla con agua fría, colocar el hueso de jamón y ponerlo a hervir para quitar las impurezas. En otra olla, añadir la leche y el hueso de jamón escurrido. Arrimar al fuego suave y, cuando hierva, cubrir y dejar que la leche coja el gusto del jamón durante 15 minutos. Fundir en una cazuela la mantequilla y añadir la harina. Sin dejar de remover, verter la leche colada y cocinar suave hasta obtener la textura deseada. En ese momento, añadir el jamón picado y salpimentar sin dejar de remover.

ACABADO Y PRESENTACIÓN

• Rallar el queso y añadirlo sobre la bechamel caliente y recién hecha y rectificar el sazonamiento. En una bandeja de horno, agregar las pencas y las hojas mezcladas con la bechamel. Gratinar en el horno a 200 °C durante 25 minutos, hasta que se forme una superficie dorada y apetitosa. Listo.

TRUCO Si queremos darle un gusto más pronunciado a la bechamel, añadir una pizca de nuez moscada y una punta de queso azul. Con cardos, borrajas o coliflor, este gratinado queda fabuloso.

ARROZ
AL HORNO

4 COMENSALES

INGREDIENTES

EL JUGO DE CABEZA DE GAMBA

- 4 kg de cabezas de gambas peladas
- 2 l de caldo de pescado
- 150 ml de brandy
- un chorrito de aceite de oliva

EL CALDO DE CALAMAR

- 1 kg de recortes de calamar
- 1 l de caldo de pescado
- ½ kg de cebolla

EL ARROZ (POR PERSONA)

- 80 g de arroz sénia
- 250 ml de caldo de pescado
- 175 ml de caldo de calamar
- 80 g de cebolleta picada
- 50 g de calamar limpio en dados
- 50 g de sofrito de tomate
- 1 ñora
- 1 diente de ajo picado
- 1 cucharada de jugo de cabeza de gamba
- una pizca de pimentón de la Vera
- una pizca de sal
- perejil picado

PREPARACIÓN

PARA EL JUGO

Sofreír las cabezas de gambas en el fondo de una cazuela con un chorrito de aceite de oliva, removiendo perfectamente. Conforme se van dorando y soltando sus jugos, aplastar con la cuchara de madera para que se forme en el fondo un barrillo bien sabroso. Añadir el brandy y reducir unos minutos hasta que se evapore el alcohol. Por último, verter el caldo y cocer a fuego suave durante 10 minutos. Después, filtrar el jugo con un pasapurés para extraer toda la sustancia y, a continuación, por un colador fino para eliminar cualquier tipo de impureza. Congelar lo que sobre de jugo para usarlo poco a poco en otras recetas.

PARA EL CALDO DE CALAMAR

Pochar primero la cebolla en el fondo de una olla, añadir los recortes de calamar previamente troceados en pedazos menudos sobre una tabla y remover a fuego fuerte. Cuando todo el jugo que suelta el calamar se haya evaporado, habrá quedado un fondo muy sabroso e intenso. Entonces, añadir el caldo y hervir a fuego suave durante 20 minutos. Pasado este tiempo, colar y reservar.

PARA EL ARROZ

Precalentar el horno a 190 °C. En el fondo de una rustidera o cazuela a la que le tengamos pillado el punto para hacer arroces, sofreír la ñora entera con el ajo hasta que baile sin quemarse. Añadir el calamar y saltear unos minutos para que se concentre el sabor. Incorporar y rehogar la cebolleta a fuego suave durante 10 minutos. Agregar el pimentón y dar unas vueltas. A continuación, incorporar el tomate, mover 1 minuto más y mojar con el caldo de pescado y el de calamar. Añadir el jugo de cabeza de gamba y hervir a fuego suave 10 minutos más. Entonces, incorporar el arroz distribuyéndolo bien por el fondo, rectificar el sazonamiento y meter la cazuela en el horno durante 18 minutos.

ACABADO Y PRESENTACIÓN

- Antes de servir, dejar reposar el arroz unos minutos y espolvorearlo con perejil picado.

TRUCO | **Podemos congelar el jugo de gambas y el caldo de calamar en moldes de cubitos de hielo y, una vez endurecidos, soltarlos y conservarlos en bolsas de congelación para emplearlos en sopas, salsas, guisos, pastas o arroces.**

CAZUELA DE GAMBAS ROJAS CON LENTEJAS VERDES

INGREDIENTES

JUGO DE GAMBAS

- 25 gambas rojas
- 50 g de mantequilla
- 2 hojas de estragón
- un chorrito de AOVE

RAGÚ DE LENTEJAS

- 200 g de lentejas verdes
- 600 ml de caldo de carne
- 200 g de cebolla
- 100 g de tocineta
- 30 ml de AOVE
- 2 dientes de ajo picados
- 3 cucharadas de perejil picado
- una tira de piel de limón cruda picada
- sal

PAN RALLADO AROMATIZADO

- 50 g de miga de pan rallado
- 5 g de estragón
- ralladura de ½ limón

PARA TERMINAR

- 25 colas de gambas rojas crudas
- pan rallado aromatizado

PREPARACIÓN

PARA EL JUGO DE GAMBAS

Pelar las gambas reservando las cabezas y las peladuras, y apartar las colas para el final. En una sartén pequeña con un chorrito de aceite, dorar ligeramente las cabezas y las peladuras, aplastando con una cuchara de madera para que salga el coral. Añadir las hojas de estragón y la mantequilla, dar unas vueltas y pasar todo por un colador, apretando bien para conseguir un jugo muy concentrado.

PARA EL RAGÚ DE LENTEJAS

En una olla poner las lentejas y mojar con el caldo de carne, salar ligeramente y cocinar cubierto durante 15-20 minutos. Escurrir y reservar el agua de cocción para otros usos (servirá para mojar una crema de verduras o un estofado). Cortar la tocineta en pequeños cubos. Pelar y picar fino la cebolla, dorándola en el aceite a fuego bajo junto a la tocineta. Añadir el ajo al final. Entonces, agregar las lentejas y guisarlas 3-4 minutos a fuego lento. Terminar con el perejil y la piel de limón picados finamente, añadir el jugo de gambas para que quede un fondo jugoso y rectificar el sazonamiento.

PARA EL PAN RALLADO AROMATIZADO

Mezclar el pan con la ralladura de limón y el estragón.

ACABADO Y PRESENTACIÓN

- En una fuente honda o en platos individuales, colocar un fondo de ragú de lentejas caliente y encima las gambas rojas crudas. Espolvorear con el pan rallado y meterlo bajo un *grill* durante unos segundos, lo justo para que se dore y las gambas pierdan ligeramente el color de crudo.

TRUCO | La gamba roja tiene una cabeza muy jugosa y llena de coral. Si hacemos esta receta con gambas o langostinos normales, añadir una chorrito de agua o caldo cuando hagamos el jugo.

CREMA CAPUCHINA DE CHAMPIÑONES

4 COMENSALES

INGREDIENTES

CUAJADO DE PEREJIL

- 200 ml de leche
- 100 ml de nata
- 50 g de perejil
- 2 huevos
- sal y pimienta

CREMA

- 500 g de champiñones
- 250 g de cebolla dulce
- 775 ml de caldo de carne (sirve de pollo)
- 175 ml de vino blanco
- 175 ml de nata
- 175 ml de leche
- 25 g de mantequilla
- 2 dientes de ajo
- 1 rama de tomillo
- 1 hoja de laurel

PARA TERMINAR

- 60 g de mantequilla
- champiñón crudo laminado

PREPARACIÓN

PARA EL CUAJADO

Hervir la leche, luego retirar del fuego y añadir el perejil. Cubrir con papel film y dejar reposar 20 minutos para que coja todo el sabor de la hierba. Entonces, triturar, filtrar y enfriar. Cuando la preparación esté bien fría, incorporar la nata junto con los huevos y mezclar perfectamente con una varilla. Filtrar y poner a punto de sal y pimienta. Verter la mezcla en el fondo de unos platos hondos, cubrir con papel de aluminio y cocinar en un horno de vapor durante 25 minutos a 100 °C. Reservar templado.

PARA LA CREMA

En una sartén grande, saltear el champiñón, el ajo, la cebolla, el tomillo y el laurel con los 25 g de mantequilla. Cuando empiece a coger color, verter el vino y reducir hasta que se evapore totalmente. Mojar con el caldo, la nata, la leche y hervir durante 35 minutos.

Pasado este tiempo, cubrir y dejar reposar fuera del fuego durante media hora para que la crema se asiente y se acentúe su sabor. Entonces, filtrar, meter en la batidora eléctrica y ligar la crema con los 60 g de mantequilla, rectificando el sazonamiento.

ACABADO Y PRESENTACIÓN

- Para terminar, verter la crema caliente sobre cada cuajado de perejil y rematar con un poco de champiñón crudo laminado. Listo.

TRUCO | Para darle más personalidad aún a la sopa, podemos incorporar al sofrito un buen puñado de setas secas como boletus, trompetas de la muerte o morillas. Un buen chorro de licor Chartreuse le dará también un puntazo.

ENSALADA BIEN VERDE

4 COMENSALES

INGREDIENTES

- 300 g de guisantes
- 300 g de habas
- 300 g de judías verdes
- 2 dientes de ajo con piel
- 1 cucharada de bicarbonato
- sal

PARA TERMINAR

- 2 huevos duros
- 1 limón
- 55 ml de AOVE
- 4 filetes de anchoa
- 2 ramas de cilantro
- 200 g de queso tipo manchego o de Mahón curado
- 150 g de espinacas tiernas
- sal y pimienta

PREPARACIÓN

Desgranar los guisantes y las habas. Si no es temporada, no tener ningún complejo con utilizar productos congelados de calidad o sustituir estas verduras por otras que estén en el mercado en ese momento. Trocear las judías verdes en pedazos menudos con ayuda de un cuchillo. En una olla con agua hirviendo, verter el bicarbonato y la sal, añadir el ajo y las judías verdes. Cuando vuelva a hervir, contar 5 minutos. Transcurrido este tiempo, incorporar las habas y los guisantes y cocinar durante 2 minutos más. Después, escurrir la verdura y enfriarla sumergiéndola en un bol con abundante agua helada ligeramente salada. Escurrirla y reservarla.

Picar el huevo duro y mezclarlo con el zumo de limón, el aceite, las anchoas picadas y el cilantro, también picado con tijeras. Si es necesario, añadir una pizca de agua a la vinagreta para hacerla más ligera y que abrace mejor los ingredientes. Verter la salsa vinagreta sobre las verduras, incorporar el queso rebanado en lascas con ayuda de un pelador y poner a punto de sal y pimienta, meneando delicadamente.

ACABADO Y PRESENTACIÓN

- Terminar con una pizca más de cilantro picado y, por último, las espinacas, para que no se marchiten con el aliño.

TRUCO | Podemos rescatar los ajos cocidos, machacarlos con las púas de un tenedor y añadirlos a la vinagreta para que quede aún más sabrosa.

ENSALADA DE ALCACHOFAS CON VINAGRETA DE ALCAPARRAS, ACEITUNAS Y ESTRAGÓN

4 COMENSALES

INGREDIENTES

- 8 alcachofas
- 50 g de almendras
- 50 g de aceitunas verdes sin hueso y en rodajas finas
- 40 g de mantequilla
- 4 cucharadas de AOVE
- zumo de 1 limón
- 2 cucharadas de estragón picado
- 1 cucharada de nata
- 1 cucharada de alcaparras en vinagre
- sal y pimienta

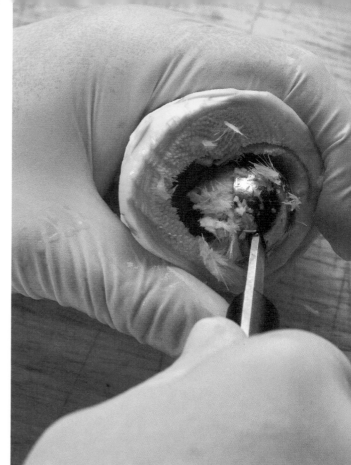

PREPARACIÓN

Quitar los tallos largos de las alcachofas dejándoles un par de centímetros en el extremo y, con ayuda de un cuchillo bien afilado, pelarlas cuidadosamente para eliminar el borde de las hojas y las partes más leñosas. Con una cuchara sopera, eliminar la floración que se acumula en el corazón y añadirlas rápidamente a una olla de agua hirviendo con sal. Tenerlas 20 minutos aproximadamente. Mantenerlas en el agua de cocción hasta que se enfríen. Escurrirlas y cortarlas en cuartos o en mitades según el tamaño. En una sartén con la mantequilla, tostar las almendras hasta que la grasa espume y suelte un aroma a frutos secos delicioso. Hacer una vinagreta en un bol con el aceite y el limón, añadir la nata, remover bien e incorporar las alcaparras, 1 cucharada de estragón y las aceitunas; luego, salpimentar.

ACABADO Y PRESENTACIÓN

- Aliñar las alcachofas escurridas y troceadas con la vinagreta, colocándolas en una fuente de la forma más vistosa. Repartir las almendras tostadas enteras o partidas en dos y rematar con un hilo de aceite y la cucharada restante de estragón, rematando con lo que quede de vinagreta.

TRUCO | Tener las alcachofas cocidas previamente y mantenerlas en el caldo hasta que las escurramos y hagamos la ensalada para que no se oxiden. El caldo de cocción es perfecto para mojar cremas de verduras o arroces.

ENSALADA DE LENTEJAS CON FOIE GRAS

4 COMENSALES

INGREDIENTES

LENTEJAS GUISADAS

- 500 g de lentejas tipo pardina
- 1 blanco de puerro pequeño picado
- 1 zanahoria pequeña picada
- 1 trozo pequeño de hueso de jamón
- agua y sal

REFRITO

- 1 cebolleta pequeña picada
- 3 cucharadas de aceite de oliva
- 2 dientes de ajo picados
- 1 cucharada de pimentón dulce de la Vera

ENSALADA DE LENTEJAS AL PIMENTÓN

- 300 g de lentejas guisadas, escurridas y frías
- 150 ml de vinagreta de pimentón
- un manojo de canónigos

VINAGRETA DE PIMENTÓN

- 150 ml de aceite de oliva virgen
- 40 ml de vinagre de Jerez
- 20 g de chalota picada
- 1 diente de ajo picado
- 1 cucharada de mostaza de Dijon
- 1 cucharadita de pimentón dulce
- una pizca de sal

FOIE GRAS

- 1 foie gras fresco de pato de 500 g aprox.
- 500 ml de caldo de pollo
- una pizca de sal

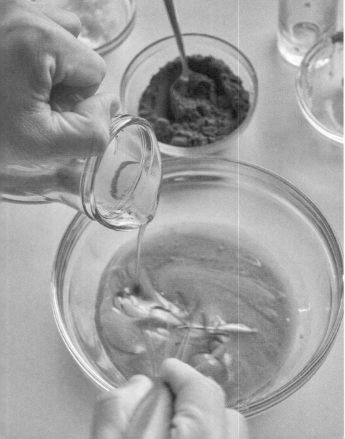

PREPARACIÓN

PARA LA ENSALADA DE LENTEJAS

Añadir todos los ingredientes al fondo de una olla, cubrir con agua tres dedos por encima de las lentejas y guisar a fuego muy lento. Cuando falte el último cuarto de hora de cocción, retirar el hueso y ponerlas a punto de sal. Entonces, colocar el aceite de oliva del refrito en una sartén y pochar la cebolleta junto con el ajo durante unos minutos. Añadir el pimentón dulce y mezclar perfectamente. Dejar que rehogue medio minuto y volcar el refrito sobre las lentejas. Darles un ligero hervor para que queden listas, pero siempre con cuidado de que no se pasen de punto y no revienten, pues deben quedar enteras. Retirarlas del fuego, escurrirlas y aliñarlas.

PARA LA VINAGRETA

Colocar en un bol una pizca de sal, añadir el vinagre de Jerez y batir hasta que la sal se disuelva. Agregar la mostaza y volver a mezclar. Incorporar el aceite de oliva de a poco en un hilo fino y, cuando esté emulsionado, finalizar con la chalota, el ajo y el pimentón. Combinar bien y rectificar la sazón. En otro bol mezclar las lentejas escurridas con la vinagreta de pimentón y remover. Reservar la ensalada al fresco.

PARA EL FOIE GRAS

Por último, arrimar el caldo de pollo al fuego en una cazuela ancha y baja. Cortar el hígado en escalopes de unos 6 cm de grosor y sumergirlos en el caldo caliente sin que llegue a hervir durante 5 minutos. Transcurrido ese tiempo, escurrirlos del caldo con mucho cuidado y servirlos sobre la ensalada de lentejas aliñada. Salpimentar cada pedazo de foie gras recién pochado.

ACABADO Y PRESENTACIÓN

- Decorar la ensalada con unos canónigos o brotes verdes aliñados con aceite y sal y listo.

TRUCO | Podemos triturar con una batidora eléctrica el caldo resultante de escurrir las lentejas para aliñarlas y disfrutarlo como una sopa bien sabrosa para acompañar la ensalada. Con la vinagreta sobrante podemos aliñar una ensalada de patata cocida.

ESPÁRRAGO BLANCO Y HOLANDESA DE CAFÉ

4 COMENSALES

INGREDIENTES

CREMA DE ESPÁRRAGOS

- 5 espárragos blancos
- 150 ml de leche
- 75 g de mantequilla
- el zumo y ralladura de 1 limón
- una pizca de sal

PICADILLO Y LAS LÁMINAS DE ESPÁRRAGO

- 2 espárragos
- un chorrito de AOVE
- una pizca de azúcar
- una pizca de sal

ESPÁRRAGOS A LA PLANCHA

- 20 espárragos blancos
- un chorrito de AOVE
- una pizca de sal

MANTEQUILLA DE CAFÉ

- 200 g de mantequilla
- 7 g de café molido

SALSA HOLANDESA DE CAFÉ

- 200 g de yema de huevo
- 100 g de mantequilla de café
- 60 ml de agua
- el zumo de ½ limón
- una pizca de sal

PARA TERMINAR

- brotes verdes de temporada
- café soluble

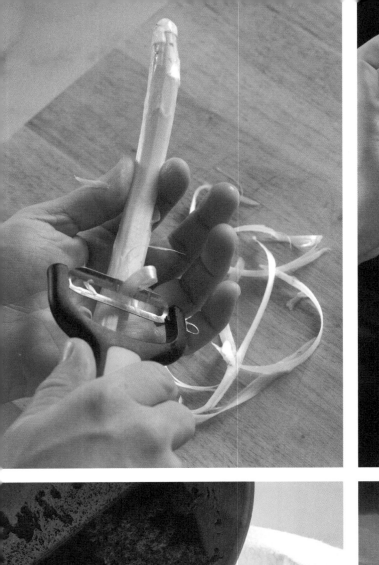

PREPARACIÓN

PARA LA CREMA DE ESPÁRRAGOS

Pelar los espárragos y cocerlos hasta que estén tiernos. Reservar el agua de cocción. Rehogarlos con la mantequilla y el zumo de limón. Añadir la leche y dejar cocinar 5 minutos con la tapa puesta. Triturar, añadiendo el jugo de cocción del espárrago para así obtener una crema. Rectificar de sazonamiento y espolvorear la ralladura de limón.

PARA EL PICADILLO Y LAS LÁMINAS

Pelar los espárragos. Cortar uno de ellos en dados de 1 x 1 cm, y cocerlos durante 2 minutos en agua hirviendo con sal y azúcar. Enfriar rápidamente. Laminar el otro espárrago crudo bien fino. Antes de servirlas, las aliñamos con el picadillo, aceite de oliva virgen extra y sal.

PARA LOS ESPÁRRAGOS A LA PLANCHA

Pelar los espárragos, eliminar los tallos más duros, cortarlos en 2 o 3 trozos al bies y dorarlos en una sartén antiadherente con una pizca de aceite. Sazonar.

PARA LA MANTEQUILLA DE CAFÉ

Derretir la mantequilla e incorporar el café, dejando que infusione un buen rato. Filtrar la grasa para eliminar los posos y listo.

PARA LA SALSA HOLANDESA DE CAFÉ

Mezclar en un cazo las yemas, el agua y una pizca de sal. Batir enérgicamente a fuego muy suave hasta que espese. Añadir poco a poco la mantequilla de café fundida, en fino hilo, para que emulsione. Por último, incorporar el zumo de limón. Rectificar la sazón.

ACABADO Y PRESENTACIÓN

- En un plato repartir el picadillo y las láminas de espárrago, colocar unos puntos de crema y los espárragos a la plancha. Terminar con la holandesa de café, una pizca de café espolvoreado y unos brotes de temporada.

TRUCO | Se puede hacer la receta con espárragos verdes y sustituir el café por curry, garam masala o ras el hanout.

ESPÁRRAGOS BLANCOS CON SOPA DE HIERBAS Y ANGUILA AHUMADA

4 COMENSALES

INGREDIENTES

- 1 lata de espárragos en conserva de calibre grueso
- 250 g de filetes de anguila ahumada
- 200 ml de caldo de verduras
- ½ manojo de perifollo
- ½ manojo de berros
- ½ manojo de perejil
- ½ manojo de espinacas tiernas
- 1 limón
- 8 ramas deshojadas de estragón
- 1 cucharada de alcaparras
- sal y pimienta
- un chorrito de AOVE

PREPARACIÓN

Escurrir los espárragos de la lata de conserva y colocarlos sobre un plato. Regarlos con un hilo de aceite de oliva para que no se sequen. Rallar el limón y exprimirlo. Calentar el caldo y, en el momento que rompa a hervir, retirarlo del fuego y añadir el perifollo, el berro, el perejil, las espinacas y el estragón. Introducir la mezcla en una batidora y accionar la máxima potencia para que quede bien fina y verde, rectificar la sazón y agregar un poco de zumo de limón para que refresque. Cortar la anguila en trozos iguales y dorarlos unos segundos en la sartén para que les entre el calor. En una sartén, dorar levemente los espárragos por todos los lados y cortarlos en trozos.

ACABADO Y PRESENTACIÓN

- Verter la salsa verde en un plato hondo, con generosidad, disponer algunos espárragos cortados y repartir los trozos de anguila. Por último, espolvorear con la ralladura de limón, unas alcaparras y terminar con algunos brotes de las hierbas utilizadas para hacer la salsa. Listo.

TRUCO | El complemento graso y refrescante de unos dados de terrina de foie gras y de manzana verde pelada, esparcidos por la superficie, queda de escándalo.

FALSO RISOTTO DE ESPÁRRAGOS

4 COMENSALES

INGREDIENTES

EL PURÉ DE ESPÁRRAGOS

- 340 g de espárragos crudos
- 400 ml de nata
- 150 g de cebolleta en tiras
- 80 g de mantequilla
- una pizca de sal

EL CALDO DE ARROZ

- 500 g de arroz
- 1,4 l de agua caliente
- 200 ml de caldo
- 100 ml de vino blanco
- 50 g de cebolleta picada
- 25 g de mantequilla
- 2 dientes de ajo picados

EL JUGO ESPUMOSO DE ESPÁRRAGO

- 300 g de espárragos blancos crudos en tiras
- 900 ml de jugo de mejillón o caldo de pescado
- 450 ml de nata doble
- 250 g de cebolla en tiras
- 120 g de mantequilla para pochar
- 50 g de mantequilla para rematar
- 3 anises estrellados
- una pizca de sal

TALLARINES DE ESPÁRRAGO

- 2 espárragos blancos crudos
- sal y pimienta
- un chorrito de aceite de oliva virgen extra

FALSO RISOTTO

- 200 g de hinojo crudo en dados minúsculos
- 100 g de espárrago blanco crudo en dados minúsculos
- 2 cucharadas de mantequilla
- 60 ml de caldo de arroz
- 2 cucharadas de puré de espárrago
- 2 cucharadas de mascarpone
- 2 cucharadas de parmesano rallado
- 2 cucharadas de cebollino picado

PREPARACIÓN

PARA EL PURÉ DE ESPÁRRAGOS

Pochar la cebolleta en la mantequilla durante unos minutos sin que coja color. Entonces, añadir el espárrago picado y pocharlo 5 minutos más. Incorporar la nata, sazonar ligeramente y cocer a fuego lento 6 minutos más o hasta que el espárrago quede cocinado. Triturar en el vaso de una batidora y rectificar la sazón.

PARA EL CALDO DE ARROZ

Rehogar la cebolleta y el ajo en la mantequilla durante unos minutos, añadir el arroz y el vino blanco y reducir a seco. Incorporar el caldo y volver a reducir a seco. Verter el agua caliente y cocer durante 25 minutos a fuego suave. Transcurrido este tiempo, pasar la mezcla por un colador, apretando para exprimir todo el almidón. Reservar el resultado.

PARA EL JUGO ESPUMOSO DE ESPÁRRAGO

En una olla, pochar la cebolla y los espárragos con la mantequilla a fuego suave unos 10 minutos. Después, verter el jugo de mejillón o el caldo de pescado, subir el fuego y cocinar 10 minutos más. Incorporar la nata y el anís estrellado y cocer otros 8 minutos. Por último, pasar la mezcla por un colador e incorporar el resultado a una batidora de vaso con la mantequilla restante, para que emulsione y quede fino. Rectificar el sazonamiento y reservar el jugo.

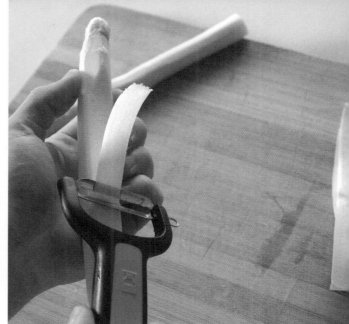

PARA LOS TALLARINES DE ESPÁRRAGO

Pelar los espárragos y cortarlos en finas láminas con un pelador. Salpimentarlos y regarlos con unas gotas de aceite de oliva.

PARA EL FALSO RISOTTO

Poner los dados de espárrago a remojar en agua con hielo durante unos minutos y luego escurrirlos. Derretir una cucharada de mantequilla en una *sauté* y rehogar unos segundos el hinojo. Apartar del fuego y añadir el caldo de arroz y el puré de espárragos, dando unas vueltas para que tome aspecto de risotto. Acercar de nuevo la preparación al fuego muy suave y calentar un instante. Apartar y mantecar, es decir, añadir el mascarpone, el parmesano rallado y la cucharada restante de mantequilla sin dejar de remover. Agregar los dados de espárrago blanco. Dar unas vueltas, rectificar la sazón y añadir el cebollino.

ACABADO Y PRESENTACIÓN

- Colocar en el fondo de unos platos el falso risotto de espárragos e hinojo sobre el puré, salsear con el jugo espumoso y guarnecer con los tallarines de espárrago recién aliñados.

TRUCO | Antes de añadir el jugo espumoso sobre el falso risotto, darle un golpe con una batidora de mano para que forme una espuma agradable y quede más aéreo. Podemos sustituir el espárrago blanco por espárrago verde y el hinojo por un buen corazón prieto de apio.

GALLETAS DE PARMESANO CON SALSA DE AGUACATE

4 COMENSALES

INGREDIENTES

GALLETAS

- 130 g de harina
- 130 g de mozzarella
- 60 g de mascarpone
- 45 g de parmesano
- 45 g de mantequilla
- 35 g de almendra en polvo
- 2 cucharadas de ajo en polvo
- 1 cucharada de levadura en polvo
- 1 huevo
- 1 diente de ajo
- una pizca de perejil
- sal y pimienta

SALSA DE AGUACATE

- 1 aguacate maduro
- ½ limón
- 3 cucharadas de yogur natural
- 2 cucharadas de AOVE
- 5 g de cilantro
- sal y pimienta

PREPARACIÓN

PARA LAS GALLETAS

Cortar la mozzarella en pequeños pedazos y colocarlos en un bol que sirva para el microondas. Agregar el mascarpone, el ajo en polvo, la harina, la levadura y las almendras en polvo. Añadir una pizca de sal y de pimienta. Pasar todo 1 minuto por el microondas, agregar un huevo y mezclar enérgicamente. Estirar la mezcla en dos placas cubiertas con papel sulfurizado. Precalentar el horno a 200 °C.

Fundir la mantequilla, triturar el ajo, el perejil y el parmesano. Mezclar todo dentro de un bol y espolvorearlo sobre la masa previamente preparada. Hornear durante 15 minutos. Cuando salga del horno, cortar la masa en bastones para poder sumergirlos bien en la salsa.

PARA LA SALSA DE AGUACATE

Poner en un bol el yogur con el aguacate sin piel, el zumo de limón y el aceite. Aplastar la mezcla con las púas de un tenedor para convertirlo en una crema suave. Añadir por último el cilantro picado. Poner a punto de sal y de pimienta.

ACABADO Y PRESENTACIÓN

- Untar las galletas en la salsa de aguacate. Listo.

TRUCO | Si no se es muy amigo del cilantro, se puede sustituir por perejil picado, albahaca y una pizca de ralladura de limón para darle un punto flamenco a la salsa.

GAZPACHO DE REMOLACHA CON MILHOJAS DE ENDIVIA

4 COMENSALES

INGREDIENTES

MAYONESA DE VINO TINTO

- 180 ml de AOVE
- 2 yemas de huevo
- 15 g de mostaza de Dijon
- 15 ml de vinagre de vino
- 30 ml de vino tinto
- sal

GAZPACHO

- 450 ml de jugo licuado de remolacha
- 30 g pan de molde sin corteza cortado en dados
- 40 ml de mayonesa de vino tinto
- 6 g de sal

RELLENO DE QUESO AZUL

- 200 g de queso azul
- 1 cucharada de agua

MILHOJAS DE ENDIVIA

- 80 g de crema de queso azul
- 6 hojas crudas de endivia

PARA TERMINAR

- hierbas frescas

PREPARACIÓN

PARA LA MAYONESA DE VINO TINTO

Con una batidora eléctrica, mezclar las yemas con la mostaza y luego añadir el vinagre. Verter el aceite en forma de hilo para emulsionar la mezcla. Integrar el vino tinto. Rectificar el sazonamiento.

PARA EL GAZPACHO

Licuar unas remolachas crudas peladas o cocidas en su defecto. Pasar el jugo por un colador para eliminar impurezas. Juntar el pan de molde, la mayonesa y el jugo de remolacha. Dejar 5 minutos en remojo en la nevera para que se hidrate bien el pan. Triturar la mezcla en el vaso de una batidora americana y añadir la sal, dejando la mezcla bien cremosa. Rectificar la sazón añadiendo un poco más de mayonesa o vinagre, según nuestro gusto. Colar a través de un colador fino y enfriar.

PARA EL RELLENO DE QUESO AZUL

Con ayuda de una túrmix o las púas de un tenedor, triturar el queso azul añadiendo una pizca de agua hasta obtener una crema untuosa.

PARA EL MILHOJAS DE ENDIVIA

Cubrir ligeramente las hojas de endivia con la crema de queso y montar hasta 4 hojas una sobre otra, formando pequeños milhojas vegetales. Mantenerlos en la nevera para que no se marchiten.

ACABADO Y PRESENTACIÓN

- Sobre una tabla con un cuchillo afilado, cortar los milhojas de endivia transversalmente en lonchas gruesas. Verter el gazpacho en platos bien fríos y colocar encima los milhojas. Esparcir algunas hierbas frescas.

TRUCO Servir el gazpacho con pequeñas tostadas de pan y guarnecerlas con la mayonesa de vino tinto a modo de acompañamiento.

HUEVO CON PATATA, BACALAO Y CREMA DE CALABAZA

INGREDIENTES

CREMA DE CALABAZA Y NARANJA

- 1 kg de calabaza
- 1 l de caldo
- 100 g de cebolla
- 150 g de mantequilla
- 150 ml de nata montada
- 100 ml de AOVE
- 2 cáscaras de naranja sin lo blanco
- una pizca de sal y pimienta

BASE DE PATATA Y BACALAO

- 250 g de patata en láminas finas
- 150 g de bacalao desalado
- 200 ml de AOVE
- 165 g de cebolleta fresca picada
- 75 g de pimiento verde picado
- 2 dientes de ajo
- una pizca de sal

HUEVO A BAJA TEMPERATURA

- 6 huevos
- un chorrito de vinagre
- una pizca de sal

PREPARACIÓN

PARA LA CREMA DE CALABAZA Y NARANJA

Trocear en dados gruesos la calabaza sin la piel y picar la cebolla finamente. En una olla con el aceite, rehogar la cebolla con una pizca de sal durante unos minutos. Añadir los dados de calabaza sin dejar de remover. Verter el caldo y cocer durante 25 minutos. Antes de cumplirse el tiempo de cocción, agregar las cáscaras de naranja e infusionar 5 minutos. Después, retirar las cáscaras y batir la mezcla con una batidora eléctrica a máxima potencia. Pasar la crema por un colador fino e incorporar por último la mantequilla y la nata. Salpimentar.

PARA LA BASE DE PATATA Y BACALAO

Poner el aceite de oliva en una *sauté* junto con los dientes de ajo partidos en dos. Dejar que se vaya calentando poco a poco para que los ajos se confiten. Pasados algunos minutos, añadir la cebolleta y el pimiento verde y sofreír 10 minutos más a fuego medio. Agregar la patata y una pizca de sal y seguir sofriendo hasta que la patata esté totalmente hecha. Retirar del fuego y meter el bacalao cortado en dos lomos. Dejar que se cocinen con el mismo calor del guiso. Trascurridos 10 minutos, romper los lomos de bacalao con una cuchara de madera y remover la mezcla para que la gelatina del pescado ligue el aceite como si se tratara de un pil pil. Rectificar la sazón.

PARA EL HUEVO A BAJA TEMPERATURA

Escalfar los huevos de manera tradicional en un cazo alto y estrecho con agua con sal y una pizca de vinagre, hirviendo a pequeños borbotones para que los huevos no revienten ni se hagan demasiado. Si lo queremos hacer de forma más precisa y profesional, sumergir los huevos enteros en un baño maría de agua a 65 °C durante media hora aproximadamente.

ACABADO Y PRESENTACIÓN

- Si escalfamos los huevos de forma tradicional, escurrirlos. Si los cocinamos con cáscara, cascarlos y colocarlos sobre la patata guisada con bacalao. Salsear con la crema de calabaza caliente.

TRUCO | Si añadimos una pizca de sofrito de tomate a las sobras del guiso de patatas con bacalao, lo convertimos en una especie de ajoarriero que podremos comer sin más, cuajado en tortilla, en revuelto o con dos huevos fritos en lo alto.

LASAÑA DE BERENJENAS

4 COMENSALES

INGREDIENTES

- 2 berenjenas
- láminas de pasta de lasaña precocidas
- 750 ml de salsa de tomate
- 400 g de queso tipo ricota
- 4 cucharadas de piñones
- 4 cucharadas de parmesano rallado
- 3 dientes de ajo
- 1 ramillete grande de albahaca
- sal y pimienta
- AOVE

PREPARACIÓN

En primer lugar, precalentar el horno a 180 °C. Después, pelar las berenjenas con ayuda de un cuchillo bien afilado y cortarlas sobre una tabla en rodajas de grosor mediano. Arrimar una sartén antiadherente al fuego y, con unas gotas de aceite de oliva, dorarlas por ambos lados, salpimentándolas generosamente. Conforme se van dorando, retirarlas a una bandeja para poder seguir dorando más. Es importante no amontonarlas y hacerlas de a poco.

Majar en un mortero los piñones, los dientes de ajo pelados y una pizca de sal. Separar los tallos de las hojas de albahaca y picarlos finamente con un cuchillo. Reservar las hojas de albahaca para montar más tarde la lasaña. En una sartén, sofreír el majado con un chorrito de aceite de oliva y dar unas vueltas sin que se queme, a fuego suave, para que se concentre el sabor. Entonces, añadir los tallos de albahaca, remover y verter la salsa de tomate. Hervirla muy suavemente para que concentre el sabor y se empape de gusto.

Colocar en el fondo de una fuente rectangular de horno un tercio de la salsa recién hecha de tomate. Sobre la salsa, apoyar las láminas de pasta precocidas. A continuación, cubrir con una tercera parte de las berenjenas salteadas, llenando bien los huecos. Luego, disponer sobre la berenjena un tercio de la cantidad total de queso ricota y terminar con otra tercera parte de las hojas de albahaca reservadas con anterioridad. Rociar con un chorrito de aceite de oliva virgen extra y seguir dos pisos más de tomate, pasta, berenjenas, queso, hojas de albahaca y aceite de oliva virgen extra. Así hasta completar la lasaña, que deberá terminarse con una capa de tomate. Por último, espolvorear el parmesano por la superficie y hornear durante 35 minutos. Una vez dorada, retirarla del horno y dejar reposar al menos veinte minutos antes de comer. Lista.

TRUCO | **Es importante que la lasaña pase al menos media hora en el horno para que la pasta precocida se hidrate, pues si solamente gratina, sus capas no se harán y lo lamentaremos en la mesa.**

MINESTRONE DE APIONABO Y PASTA

4 COMENSALES

INGREDIENTES

- 2 l de caldo de carne o de verdura
- 100 g de pasta
- 200 g de cebolla dulce
- 1 apionabo
- 1 zanahoria
- 1 patata
- 1 chirivía o zanahoria en su defecto
- 1 rama de apio
- 30 ml de AOVE
- 3 dientes de ajo
- 3 lonchas de panceta ibérica de 1 cm de grosor
- sal

PREPARACIÓN

Pelar y cortar todas las verduras en dados de 1 × 1 cm.

Cortar la panceta en lardones. En una olla sofreír la cebolla con el AOVE y añadir la panceta dejando que suelte la grasa. Incorporar el ajo y el resto de las verduras, dando unas vueltas con una cuchara de madera, por espacio de 5 minutos. Entonces, añadir el caldo y, en cuanto arranque el hervor, cocinar el conjunto durante 15 minutos.

Rectificar la sazón y justo antes de servir, añadir la pasta, dejándola hervir unos minutos para que se haga perfectamente y termine de ligar la preparación. Listo.

TRUCO | Para servir, es un buen remate acompañar la sopa con un pesto de albahaca recién hecho y abundante queso rallado curado.

PAPPARDELLE CON CREMA DE PARMESANO Y MORCILLA

4 COMENSALES

INGREDIENTES

- 400 g de pasta pappardelle
- 125 g de morcilla ibérica curada
- 70 g de parmesano rallado
- 250 g de mascarpone
- 200 ml de nata
- 2 cucharadas de cebollino picado
- 2 puñados de avellanas picadas
- sal y pimienta

PARA TERMINAR

- 40 g de lascas de parmesano

PREPARACIÓN

Mezclar el cebollino picado finamente junto con las avellanas. En una sartén antiadherente amplia cocinar a fuego suave la morcilla cortada en rodajas finas hasta obtener unos chips crujientes y finos. Escurrirlos delicadamente y reservarlos en un papel absorbente para que se sequen. Fundir el mascarpone en una cazuela amplia, ancha y baja, junto con la nata y el parmesano rallado. Poner a punto de sal y pimienta. En una olla con agua hirviendo y salada alegremente cocer la pasta de acuerdo con el tiempo que marque el fabricante en el envase.

ACABADO Y PRESENTACIÓN

- Escurrir la pasta y mezclarla sobre la salsa caliente, añadiendo una pizca de agua de cocción para que el resultado sea sedoso. Colocar la pasta en un plato o fuente, repartir la morcilla crujiente, espolvorear el cebollino y las avellanas picadas y terminar con una pizca de parmesano laminado o rallado.

TRUCO | En vez de morcilla podemos tostar en la sartén unas buenas rodajas finas de papada ibérica o sustituir las avellanas por nueces o almendras.

PASTA RELLENA CON PESTO DE PEREJIL Y QUESO CURADO

4 COMENSALES

INGREDIENTES

RELLENO DE RAVIOLIS

- 1 kg de patatas con piel
- 250 g de quesitos en triángulos
- 150 g de mantequilla derretida
- 150 ml de nata hervida
- 60 g de jamón ibérico muy picado
- sal

PASTA FRESCA

- 500 g de harina tipo 00
- 270 g de yema de huevo
- 110 g de huevo entero
- 1 huevo batido con una pizca de agua para sellar la pasta
- un chorrito de AOVE
- una pizca de sal

PESTO DE PEREJIL

- 200 ml de AOVE
- 50 g de queso de oveja curado rallado
- 40 g de avellanas tostadas
- 6 dientes de ajo
- un manojo de hojas de perejil fresco
- el zumo de 1 limón

PARA TERMINAR

- una nuez de mantequilla
- una ramita de tomillo
- unas lascas de queso curado
- un chorrito de AOVE

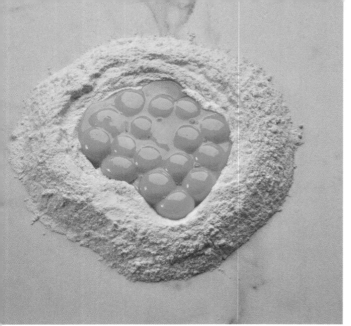

PREPARACIÓN

PARA EL RELLENO

Hervir las patatas en agua con sal a borbotón suave y tenerlas unos 40 minutos hasta que queden tiernas. Una vez templadas, pelarlas y pasar la pulpa por un tamiz. En un robot mezclador meter la pulpa de patata tibia y añadirle poco a poco la nata, la mantequilla y los quesitos hasta que se forme una crema homogénea.

Sacar la pulpa a un bol (pesar aproximadamente 650 g) y añadirle el jamón. Remover con una espátula de goma y rectificar el sazonamiento. Pasar la mezcla a una manga pastelera. Meterla en la nevera para que enfríe y poder rellenar cómodamente los raviolis.

PARA EL PESTO DE PEREJIL

Con la ayuda de una batidora eléctrica, batir en un vaso todos los ingredientes hasta formar un aliño rústico. Si queremos que quede bien fino, pasarlo por un colador y reservarlo.

PARA LA PASTA FRESCA

Sobre la mesa hacer un volcán con la harina y colocar en la mitad el resto de los ingredientes. Mezclar todo poco a poco hasta obtener una masa homogénea. Trabajarla unos minutos para que quede bien lisa. Dejarla reposar en la nevera envuelta en papel film.

Utilizar una laminadora para estirar la masa. Sobre una mesa, ir refinando la pasta del número más alto al más bajo, hasta terminar en

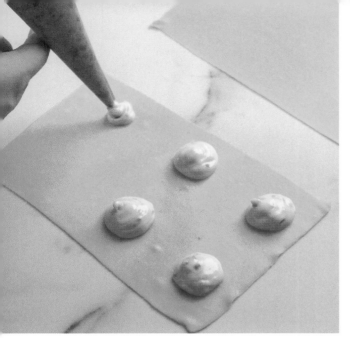

0,5 milímetros de grosor, espolvoreándola con pizcas de harina. Sobre un paño de masa estirada, colocar unos puntos de relleno con la manga pastelera. Pintar con la mezcla de huevo y agua y cubrir con otra lámina de pasta. Para sellarla, marcar con la parte no cortante de un cortapastas redondo y retirar el exceso con el filo del mismo cortapastas. Obtendremos unos pequeños raviolis de pasta rellena. Espolvorear con una pizca de harina para que no se peguen y reservar en frío.

Arrimar una olla con abundante agua salada al fuego y, cuando hierva, meter los raviolis y tenerlos hasta que suban a la superficie (siempre a fuego muy suave). Por otro lado, tener una sartén antiadherente con el tomillo y la nuez de mantequilla derretida y, en cuanto espume ligeramente y desprenda un apetitoso olor a tomillo, escurrir la pasta del agua y echarla a la sartén, dando unas vueltas para que la pasta brille. Podemos añadir unas gotas del agua de cocción para mantecar la pasta.

ACABADO Y PRESENTACIÓN

- Colocar la pasta rellena en un plato y untarla de pesto, espolvorear unas lascas de queso curado y rociar con un hilo de aceite.

TRUCO | No salpimentar el relleno de pasta hasta integrar el jamón picado para que no quede salado. El pesto lo podemos hacer de albahaca o cilantro.

PATATAS CON RAIFORT, SALMÓN AHUMADO Y HUEVAS

4 COMENSALES

INGREDIENTES

CREMA DE RAIFORT

- 200 ml de nata semimontada
- 1 yogur natural
- 35 ml de vinagre de sidra
- 2 cucharaditas de eneldo picado
- 1 cucharadita de mostaza
- 1 cucharadita de raifort rallado (rábano picante)
- 1 cucharada de vodka
- 1 cucharada de zumo de limón
- sal y pimienta

PATATAS

- 12 patatas pequeñas
- 30 g de mantequilla
- sal y pimienta

PARA TERMINAR

- 200 g de salmón ahumado
- huevas de salmón
- crema raifort
- eneldo fresco

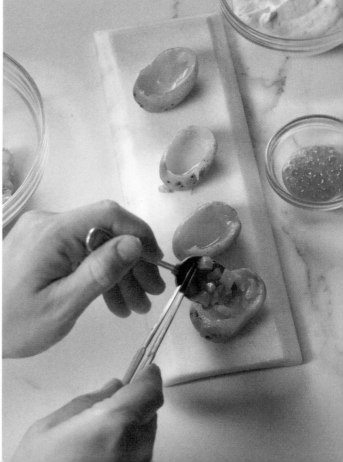

PREPARACIÓN

PARA LA CREMA DE RAIFORT

Colocar en una ensaladera la nata, añadir el yogur y batir ligeramente. Incorporar el resto de los ingredientes para que la crema quede bien condimentada. Debe quedar esponjosa. Rectificarla de sazonamiento.

PARA LAS PATATAS

En una cazuela, partiendo de agua fría ligeramente salada, cocer las patatas suavemente con la pimienta hasta que estén tiernas. Serán necesarios unos 20 minutos y estarán listas cuando las podamos atravesar con el filo de un cuchillo fácilmente y no ofrezcan resistencia. Escurrirlas. Una vez tibias, recortarles la base con el filo del cuchillo para que tengan estabilidad y se mantengan derechas sobre el plato. Vaciarlas con cuidado con ayuda de una cucharita para que les entre bien el relleno. Aplastar la pulpa retirada de patata con las púas de un tenedor. Fundir la mantequilla y embadurnar con ella las patatas, salpimentarlas ligeramente por su interior.

ACABADO Y PRESENTACIÓN

- Cortar el salmón ahumado y mezclarlo con la pulpa de patata y la mitad de las huevas, rellenando con esta farsa el interior de las patatas. Cubrir cada patata con una buena cucharada de crema de raifort y coronar con huevas de salmón. Espolvorear una pizca de eneldo fresco. Listo.

TRUCO | Se puede sustituir el salmón por otros ahumados de calidad como la anguila, las sardinas o la trucha.

RICCIOLI CON ENDIVIAS

4 COMENSALES

INGREDIENTES

- 250 g de pasta riccioli
- 4 endivias
- 50 g de nueces picadas
- 50 g de mascarpone
- 40 g de mantequilla
- 1 chalota picada
- 1 manzana verde
- 1 cucharada de zumo de limón
- un chorrito de AOVE
- sal y pimienta

PREPARACIÓN

En un bol colocar el mascarpone, el zumo de limón y la chalota picada, salpimentando ligeramente y mezclando con una espátula. Cortar los extremos de las endivias, deshojarlas y reservarlas en agua y hielo. Escurrir los corazones de las endivias, secarlos con papel absorbente y cortarlos en tiras finas. Lavar la manzana, cortarla en láminas finas de 2 mm de grosor y estos, en tiras finas como cerillas. Hervir la pasta en abundante agua salada durante 8 minutos, a borbotones suaves, y en cuanto ofrezca una ligera resistencia a la mordida, escurrirla.

En una sartén amplia, colocar la pasta escurrida, añadir el mascarpone con la chalota y arrimar al fuego suave hasta que aparezca el primer hervor, dejando que reduzca durante 2 minutos. Entonces, añadir las endivias en tiras, dejar que se entreguen al calor de la salsa y salpimentar. Añadir la mantequilla y menear para que el resultado quede brillante y sabroso, agregando algunas nueces picadas.

ACABADO Y PRESENTACIÓN

- Colocar la pasta con su salsa en un plato y añadir por encima las cerillas de manzana fresca, el resto de las nueces picadas y un fino hilo de aceite.

TRUCO | Reservar el agua de cocción de la pasta para estirar la salsa al fuego. Añadir una pizca para que el resultado sea sedoso y apetecible y el jugo abrace a la preparación.

RILLETTE FÁCIL DE JARRETE DE CERDO Y FOIE GRAS

4 COMENSALES

INGREDIENTES

- 2 kg de jarrete de cerdo cocido
- 250 g de terrina de foie gras
- 200 ml de vinagre de vino
- 1 cebolla hermosa picada
- 4 dientes de ajo
- 1 rama de romero
- 1 hoja de laurel
- AOVE
- sal y pimienta

PARA TERMINAR

- Pan tostado

PREPARACIÓN

Sacar los jarretes de su envase al vacío y desmigarlos, eliminando grasa y tejidos duros. Facilita la labor que metamos los jarretes unos minutos en el microondas o, en su propio envase al vacío, en un baño maría, porque templados se desmigan mejor. Retirar el germen de los ajos, laminarlos groseramente y freírlos a fuego muy suave cubiertos de AOVE hasta que se hagan y coloreen ligeramente. Escurrirlos y picarlos. En ese mismo aceite, añadir el romero y el laurel y sofreír la cebolla hasta que quede bien pochada. Agregar el vinagre y dejar que hierva hasta que se evapore y deje todo su perfume en el sofrito. Cuando enfríe, retirar las hierbas, que habrán aromatizado la preparación.

En un bol, mezclar la carne del jarrete deshilachada, el foie gras cortado en dados, el ajo confitado picado y la cebolla sofrita. Mezclar perfectamente para que quede una especie de paté rústico con tropezones. Probar la mezcla y rectificar de sal y pimienta. Repartir el picadillo en boles herméticos bien cerrados y cocinarlos al baño maría durante 30 minutos. Pasado ese tiempo, escurrirlos y dejar que se enfríen en la encimera antes de meterlos en la nevera.

ACABADO Y PRESENTACIÓN

- Sacar la conserva del frío un buen rato antes para que esté a temperatura ambiente en el momento de comerla con abundante pan tostado.

TRUCO | Podemos añadir la grasa del jarrete y el cuero gelatinoso muy picado a la mezcla porque aportan sabor y alegría a la rillette.

RISOTTO CON TOMATE Y CARPACCIO DE GAMBA ROJA

4 COMENSALES

INGREDIENTES

SOFRITO DE TOMATE

- 1,5 kg de tomate en rama
- 50 g de cebolla dulce
- 2 dientes de ajo
- 6 ramitas de tomillo
- 1 cucharada de AOVE
- sal y pimienta
- una pizca de azúcar

CARPACCIO DE GAMBA ROJA

- 10 gambas rojas peladas

RISOTTO CON TOMATE

- 200 g de arroz para risotto
- 2,2 l de caldo de verdura
- 100 ml de vino blanco
- 50 g de mantequilla en dados
- 50 g de cebolla
- 20 g de queso curado rallado
- 20 ml de nata semimontada
- 2 cucharadas de AOVE
- 1 cucharada de sofrito de tomate
- sal

PREPARACIÓN

PARA EL SOFRITO DE TOMATE

Pelar los tomates, quitarles las pepitas y picarlos en dados. Pelar los ajos y aplastarlos contra la tabla. Luego, picarlos finamente, al igual que la cebolla.

Hacer un atadillo con las ramas de tomillo. Sudar la cebolla y el ajo en una cacerola con una cucharada de aceite. Añadir el tomate, el tomillo, la sal, la pimienta y una pizca de azúcar. Cocinar a fuego lento durante 30 minutos hasta que se consuma. Rectificar la sazón y reservarlo.

PARA EL CARPACCIO DE GAMBA

Juntar todas las gambas peladas entre dos papeles de horno y, con ayuda de un rodillo de amasado, aplastarlas de forma que todo se junte y quede una capa fina de gamba cruda. Con la ayuda de un molde cortapastas, cortar circunferencias y reservarlas entre papel en la nevera.

PARA EL RISOTTO DE TOMATE

Poner el caldo a hervir. En una cazuela fundir 20 g de mantequilla a fuego lento, añadir la cebolla y sudarla durante 5 minutos sin que coja color. Verter el arroz y, sin parar de remover, saltear el conjunto a fuego medio durante unos minutos para que el arroz libere su almidón. Mojar con el vino blanco y reducir a seco.

Añadir el caldo hasta cubrir y, sin dejar de remover, cocer durante 18-20 minutos. En cuanto el líquido reduzca, se va añadiendo más, cazo a cazo, sin dejar de mover para que el arroz se vaya ligando. Con el arroz a nuestro gusto y fuera del fuego, añadir la cucharada de sofrito, los 30 g de mantequilla restantes, el aceite y el queso rallado, ligando sin dejar de menear. Por último, incorporar la nata y remover hasta integrar. Rectificar el sazonamiento.

ACABADO Y PRESENTACIÓN

- Para servir, repartir el risotto en platos calientes y colocar sobre él los discos de carpaccio de gamba roja para que se cocinen con el calor residual del arroz.

TRUCO | Con las cabezas y las cáscaras de las gambas podemos hacer el caldo para mojar el arroz si lo preferimos con gusto más pronunciado. En vez de gamba roja, podemos emplear carabineros, langostinos o cigalas.

RISOTTO DE JAMÓN

4 COMENSALES

INGREDIENTES

EL CALDO

- 1 l de agua
- 1 kg de puntas de alas de pollo
- 500 g de champiñones laminados
- 100 g de zanahoria picada
- 100 g de chalota picada
- 50 g de apio picado
- 100 ml de vino blanco seco

LA MANTEQUILLA ÁCIDA

- 75 g de mantequilla en pomada
- 100 ml de vino blanco seco
- 80 ml de vinagre de vino
- 1 chalota picada

EL RISOTTO

- 350 g de arroz tipo Acquerello
- 1 l de caldo de pollo
- 100 ml de vino blanco
- 50 g de mantequilla
- 2 chalotas picadas

PARA TERMINAR

- 30 g de parmesano rallado
- 25 g de jamón ibérico picado
- 20 g de mantequilla ácida
- cebollino picado
- un chorrito de aceite
- 2 cucharadas de lomo ibérico en tiras finas
- sal y pimienta molida

PREPARACIÓN

PARA EL CALDO

En una olla grande colocar las alas y las verduras y cubrir de agua. Arrimar al fuego y cuando hierva, añadir el vino blanco y bajar al mínimo durante 1 hora. Dejarlo reposar un rato y colarlo, eliminando todo el exceso de grasa que se haya podido acumular.

PARA LA MANTEQUILLA ÁCIDA

En un cazo hervir el vinagre con el vino blanco y la chalota hasta que reduzca el líquido y quede en el fondo una glasa. Escurrir y dejar enfriar para mezclarla con la mantequilla. Dosificarla en pequeños moldes para emplearla con más facilidad y refrigerarla o congelarla.

PARA EL RISOTTO

En un cazo ancho y bajo, pochar la chalota en la mantequilla a fuego bajo. Añadir el arroz removiendo un par de minutos para nacararlo. Cuando esté, verter el vino blanco y reducir a seco. Cocer mojando el risotto en tres golpes durante 15 minutos. En primer lugar, rociar el arroz de forma que el caldo lo cubra y guisarlo sin dejar de remover hasta que evapore el líquido, repitiendo esta operación hasta completar el tiempo de cocción total.

ACABADO Y PRESENTACIÓN

- En el momento en el que el arroz esté en su punto, sin pasarse de cocción y manteniendo en todo momento ese punto *al dente*, es decir, ligeramente tieso a la mordida, apartar del fuego y mantecarlo sin parar de remover, incorporando el parmesano rallado, la mantequilla ácida y un chorrito de aceite de oliva. Por último, añadir el jamón y el cebollino picado. Salpimentar y espolvorear el lomo cortado en cerillas.

TRUCO | La cocción del risotto debe ser lenta y a fuego muy suave para que el arroz libere su almidón, quede cremoso y absorba el gusto del caldo y de los elementos grasos añadidos al final para mantecarlo.

SALSIFÍES A LA CARBONARA

4 COMENSALES

INGREDIENTES

- 15 salsifíes
- 800 ml de leche
- sal
- 5 yemas
- 270 ml de salsa de soja
- 160 g de tocineta ibérica en cubos pequeños

EMULSIÓN DE IDIAZÁBAL

- 90 g de queso Idiazábal rallado
- 225 ml de leche
- 175 ml de nata
- 20 g de mantequilla
- sal y pimienta

PARA TERMINAR

- 45 g de mantequilla
- cebollino picado

PREPARACIÓN

PARA LOS SALSIFÍES

Lavar y pelar los salsifíes. Con la ayuda de un pelador de cocina, cortarlos en tiras anchas y largas como si fueran tagliatelles. Entonces, cocerlos en la leche ligeramente sazonada a fuego medio, comprobando la cocción para que no queden pasados de punto, sino crocantes y *al dente*. Escurrirlos y reservar un par de cucharadas de leche de cocción. Dentro de un bol, cubrir las yemas crudas de huevo con la soja y dejarlas una noche en la nevera para que se empapen bien. Pasado el tiempo, escurrirlas y reservarlas. En una sartén antiadherente a fuego suave, tostar la tocineta para que se dore y pierda la grasa. Escurrirla y reservarla en papel absorbente.

PARA LA EMULSIÓN

Calentar la leche, la nata y la mantequilla en un cazo a fuego suave hasta que asomen los primeros borbotones. Entonces, añadir el queso y retirar del fuego. Salpimentar ligeramente, triturar la mezcla con una batidora eléctrica y pasar el jugo a través de un colador fino. Reservar.

ACABADO Y PRESENTACIÓN

- Fundir la mantequilla en una sartén y, cuando espume ligeramente, añadir los tagliatelles cocidos de salsifí, removiendo para calentarlos como si de una pasta se tratara. Añadir al final los dados de tocineta tostados y el par de cucharadas de leche de cocción reservados.

- Colocar los salsifíes en forma de nido en el centro de un plato y colocar en el mismo centro la yema de huevo marinada en soja, previamente escurrida.

- Completar con la emulsión de queso y espolvorear el cebollino picado.

TRUCO | Podemos sustituir las yemas curadas por huevos de codorniz cocinados a la plancha en una sartén antiadherente y sazonados con una gota de salsa de soja en lugar de sal.

SÁNDWICH DE JAMÓN IBÉRICO, CASTAÑAS Y QUESO

4 COMENSALES

INGREDIENTES

CASTAÑAS

- 100 g de castañas
- ½ cebolla cortada en finas láminas
- 1 cucharada de mantequilla
- 1 cucharada de zumo de limón
- flor de sal y pimienta

SÁNDWICH

- 14 lonchas de jamón ibérico
- 4 lonchas de queso tierno
- 4 rodajas de pan de molde
- 2 cucharadas de mantequilla en pomada
- dos pizcas de flor de sal
- un puñado de rúcula

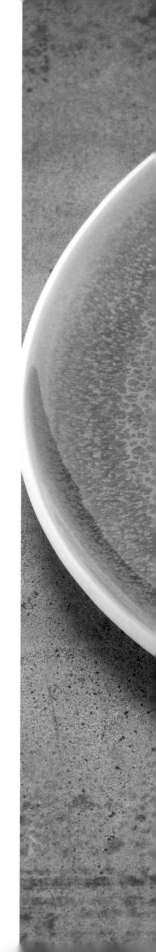

PREPARACIÓN

PARA LAS CASTAÑAS CONFITADAS

Realizar un corte en cruz en cada una de las castañas. Cocinarlas a partir de agua hirviendo unos 25 minutos hasta que estén tiernas. Pelarlas. En una sartén derretir la mantequilla a fuego bajo, agregar las castañas y remover constantemente hasta que la mantequilla adquiera un punto avellanado tostado. Entonces añadir la cebolla y el limón y dejar que se sofría hasta que la cebolla quede ligeramente dorada. Triturar hasta obtener una crema y salpimentar.

PARA EL SÁNDWICH

Untar con mantequilla una cara de cada rebanada de pan y espolvorear con flor de sal. Meter en la nevera unos minutos hasta que la mantequilla se enfríe. Entonces, darle la vuelta al pan de manera que la cara untada con mantequilla quede hacia fuera. Luego, esparcir sobre las caras de pan sin untar unas buenas cucharadas de la crema de castañas. Sobre la crema colocar las hojas de rúcula y repartir el jamón ibérico y las lonchas de queso, cerrando con la cara del pan untada con mantequilla.

Calentar a fuego medio una sartén. Dorar vuelta y vuelta los sándwiches muy lentamente para que se le infiltre el calor y la crema, el jamón se caliente y el queso se derrita, quedando bien fundente.

TRUCO | Se puede sustituir el jamón ibérico por jamón cocido bien fino o por cabeza de jabalí y pringar con una pizca de mostaza las hojas de rúcula.

SARTÉN DE COLES DE BRUSELAS CON PAPADA IBÉRICA

4 COMENSALES

INGREDIENTES

- 400 g de coles de Bruselas
- 6 láminas de papada ibérica de 1 cm de grosor
- 45 g de mantequilla
- 40 g de nueces peladas
- un chorrito de miel
- una pizca de perejil picado
- sal y pimienta

PREPARACIÓN

Cortar la base de las coles, retirar las primeras capas y lavarlas bien. Arrimar al fuego una cazuela con abundante agua salada y hervirlas por espacio de 20 minutos. Transcurrido este tiempo, escurrirlas y enfriarlas en un baño de agua helada ligeramente salada. Mientras, cortar la papada ibérica en lardones gruesos y estrechos. En una sartén amplia, fundir la mantequilla, añadir la papada y dejar que se sofría ligeramente para que suelte un reguero de grasa.

Incorporar las nueces hasta que se doren y agarren el gusto de la papada ibérica.

ACABADO Y PRESENTACIÓN

- Incorporar las coles escurridas y dejar que se doren unos 5 minutos para que les entre el gusto y se tuesten ligeramente. Pimentar generosamente la verdura, añadir la pizca de miel, espolvorearle el perejil, darle unas vueltas y servir.

TRUCO Una pizca de cáscara de limón rallada y unas gotas de zumo añadidas al final aportarán a la verdura un punto interesante.

SOPA AHUMADA DE PATATA

4 COMENSALES

INGREDIENTES

- 1 l de caldo de verduras
- 1 l de nata líquida
- 1 kg de sal gruesa
- 700 g de patatas pequeñas
- 300 g de espinas de bacalao ahumado

PARA TERMINAR

- lardones de lomo o jamón ibérico
- pimienta

PREPARACIÓN

Mezclar la mitad de la nata y las espinas de bacalao y arrimar al fuego muy suave para que hierva imperceptiblemente y la nata reduzca muy poco a poco, hasta quedarse en 300 ml aproximadamente. Colar la mezcla y reservar la nata aromatizada.

Precalentar el horno a 180 °C. Colocar la sal en la base de una bandeja de horno y hundir en ella las patatas enteras y crudas con su piel, bien lavadas. Introducirlas en el horno y asarlas por espacio de unos 45 minutos o hasta que, al pincharlas con un tenedor, el filo entre sin dificultad. Sacarlas del horno y dejarlas templar sobre la encimera para poder manipularlas sin quemarnos. Después, una a una, abrirlas en dos y con ayuda de una cuchara extraer la pulpa cocinada, que tamizaremos delicadamente a través de un colador de malla para conseguir una pulpa de patata asada.

Calentar los 500 ml de nata restantes y verterla en el vaso de una batidora junto a la pulpa de patata recién obtenida y los 300 ml de nata reducida y aromatizada. Accionar la máxima potencia y verter muy poco a poco el caldo de verduras caliente para que la sopa se mezcle bien y quede cremosa y lisa. Rectificar el sazonamiento y añadir más caldo si nos gusta más licuada y estirada.

ACABADO Y PRESENTACIÓN

- Servir la sopa recién batida, bien pimentada o acompañada de unos lardones de lomo o jamón ibérico. Si hace calor, podemos también servirla fría, como si fuera una vichyssoise, teniendo en cuenta que el frío la hará espesar, por lo que quizá tengamos que aligerarla con un poco de caldo y unos «toques» con el brazo de una batidora para emulsionarla en el último minuto, justo antes de servirla.

TRUCO

Si no encontramos espinas de bacalao ahumado, podemos añadir a la nata 150 g de bacalao ahumado loncheado para que deje su gusto en la crema. También espinas o recortes de cualquier otro pescado ahumado que podamos encontrar en el mercado, como palometa, salmón, trucha o anguila.

SOPA VELOUTÉ DE CHAMPIÑONES

4 COMENSALES

INGREDIENTES

CALDO

- 2 l de agua
- 1 kg de alas de pollo limpias
- 100 g de chalotas troceadas
- 50 g de cebolla troceada
- 50 g de apio picado
- 2 zanahorias en rodajas

SOPA

- 1 l de caldo de pollo
- 150 g de champiñones laminados
- 50 g de setas secas remojadas 24 h en 750 ml de agua
- 100 ml de nata
- 50 ml de leche
- 80 g de manzana en dados
- 30 g de mantequilla
- ½ bulbo de hinojo picado
- 1 blanco de puerro picado
- 2 dientes de ajo picados
- 1 rama de tomillo
- un chorrito de AOVE
- una pizca de sal

PARA TERMINAR

- 150 g de setas variadas frescas
- un chorrito de AOVE
- una pizca de sal

PREPARACIÓN

PARA EL CALDO

En una olla grande colocar las alas junto con toda la verdura y cubrir con el agua. Arrimar al fuego y, cuando rompa el hervor, mantener 30 minutos. Entonces, retirar el caldo del fuego, dejar reposar 15 minutos y colar, retirando el máximo de grasa.

PARA LA SOPA

Calentar aceite de oliva en una olla mediana y añadir el puerro, el ajo, la manzana y el hinojo, y sofreírlo con una pizca de sal. Agregar los champiñones y las setas hidratadas y rehogar 15 minutos más. Mojar con el caldo de pollo, el tomillo y el agua de remojo de las setas, y cocinar durante 45 minutos a fuego medio.

Triturar la mezcla y colar. Agregar la nata y la leche, rectificar de sabor y de textura y, si está demasiado espesa, verter un poco más de caldo. Por último, añadir la mantequilla y darle un golpe fuerte de batidora eléctrica para que la sopa espume y quede cremosa.

ACABADO Y PRESENTACIÓN

- Para rematar, dorar las setas ligeramente en una sartén con un chorrito de aceite de oliva y sal, y guarnecer con ellas la sopa recién hecha.

TRUCO La colmenilla o morilla seca es la mejor seta seca para hidratar, porque es muy sabrosa y forma un agua de remojo oscura de sabor pronunciado e intenso. Si justo antes de servir le añadimos a la sopa un golpe de zumo y cáscara de limón rallada, le damos un toque superior.

SSAM DE ENSALADA CÉSAR

4 COMENSALES

INGREDIENTES

PECHUGA DE POLLO MARINADA

- 2 pechugas de pollo
- 100 g de pimentón dulce
- 50 g de ajo en polvo
- 25 g de jengibre en polvo
- 25 g de pimienta blanca
- 25 g de pimienta negra
- 25 g de sal
- 25 g de mostaza en polvo
- 15 g de tomillo seco
- 15 g de albahaca fresca
- 15 g de orégano seco
- 1 cayena seca

CRUJIENTE DE TOCINETA

- 8 lonchas de tocineta ibérica magra

SALSA CÉSAR

- 250 ml de salsa mayonesa
- 50 g de anchoas en aceite de oliva
- 50 g de pan tostado
- 50 g de pepinillos
- 50 ml de caldo de pollo
- 30 g de parmesano rallado
- sal y pimienta negra

PARA TERMINAR

- 50 g de harina floja
- aceite de oliva para freír
- 4 cogollos de lechuga deshojados
- tomates cherry confitados
- parmesano en lascas
- láminas de tocineta deshidratadas
- salsa César
- anchoas en salazón

PREPARACIÓN

PARA LA PECHUGA DE POLLO

Sobre una tabla cortar la pechuga en tiras de 1 cm con un cuchillo afilado y meterlas en un bol. Añadir el resto de los ingredientes y mezclar perfectamente. Reservar en la nevera bien cubierto.

PARA EL CRUJIENTE DE TOCINETA

Encerrar las lonchas bien planas entre dos papeles sulfurizados y meterlas en el horno entre dos bandejas para que no se muevan. Hornear durante 15 minutos a 180 °C. Pasado el tiempo, dejarlas enfriar.

PARA LA SALSA CÉSAR

Meter todos los ingredientes en el vaso de una batidora americana y triturar hasta conseguir una salsa lisa y homogénea. Rectificar el sazonamiento y reservar en la nevera.

ACABADO Y PRESENTACIÓN

- Calentar aceite de oliva en una sartén para freír el pollo. Escurrirlo de la marinada, pasarlo ligeramente por la harina y dorarlo hasta que quede bien crujiente. Después, escurrir en papel absorbente.

- Montar las ensaladas en el interior de las hojas de cogollo de lechuga, pringándolas de salsa y amontonando el resto de los elementos: pollo frito, tomates, anchoas, crujiente de tocineta y parmesano, terminando con más salsa para que queden bien cargadas.

TRUCO | Si no queremos encender el horno para del crujiente de tocineta, podemos dorarlas en la sartén a fuego suave hasta que queden bien tostadas y, de puro cristal, casi se rompan con la mirada.

TARTA DE CHAMPIÑONES DE PARÍS

4 COMENSALES

INGREDIENTES

- 1 disco de masa de hojaldre
- 70 g de tocineta ibérica picada
- 40 champiñones de París
- 150 ml de nata
- 70 g de parmesano rallado
- un chorrito de AOVE
- sal y pimienta

PERSILLADA

- 2 dientes de ajo picados
- 10 hojas de perejil picadas
- 60 g de mantequilla

PREPARACIÓN

Precalentar el horno a 200 °C. Estirar la placa de masa sobre un papel de horno. Con un aro, marcar el tamaño deseado y recortar. Con otro aro más pequeño, marcar la masa para así generar los bordes que subirán durante el horneado del hojaldre. Pinchar el centro de la masa con ayuda de un tenedor y prehornear 10 minutos. Dorar la tocineta y escurrir la grasa con papel absorbente. Mientras, limpiar los champiñones, retirar el tallo y secarlos. Cortar las cabezas en rodajas muy finas. Mezclar la nata y el parmesano y salpimentar. Colocar la mezcla de nata y parmesano sobre el fondo del hojaldre prehorneado y espolvorear con la tocineta. Disponer encima los champiñones en forma de rosa, como si estuviéramos montando una tarta de manzana. Rociar con un chorrito de aceite. Bajar el horno a 180 °C y hornear la tarta durante 5 minutos.

PARA LA PERSILLADA

Fundir la mantequilla al fuego y añadir el ajo y el perejil, meneando unos segundos y retirando en cuanto aflore el mínimo hervor.

ACABADO Y PRESENTACIÓN

- Retirar la tarta del horno y pincelarla con la persillada. Volver a meterla en el horno y tenerla 5 minutos más.
- Sacarla del horno y dejarla reposar antes de meterle mano.

TRUCO | Con boletus edulis esta tarta queda superior, y añadiendo una pizca de pimentón de la Vera a la persillada, el resultado es muy jugón.

TERRINA DE HÍGADO DE PATO, CACAO Y UVAS PASAS

4 COMENSALES

INGREDIENTES

- 1 hígado crudo de pato de 700 g aproximadamente
- 1 cucharadita de cacao en polvo
- 1 cucharada de pasas remojadas en brandy u oloroso
- sal y pimienta molida

PARA TERMINAR

- cacao en polvo
- pan tostado
- sal

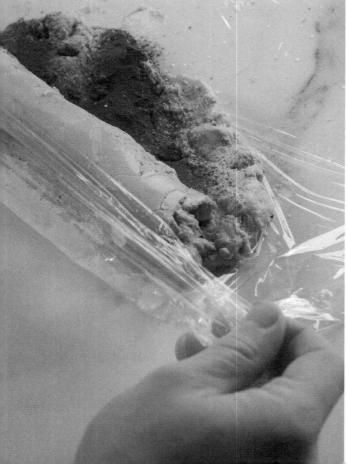

PREPARACIÓN

Retirar los nervios interiores del hígado de pato con mucho cuidado. En el mercado venden hígados ya desnervados o lo puede hacer nuestro carnicero de confianza. Si lo hacemos en casa, lo mejor es sacarlo unas horas antes del frío para poder separar los dos lóbulos y hacerlo con las yemas de los dedos y una cuchara de postre. Desde la base y por la cara interior se tira cuidadosamente de las venas y se retiran con paciencia y determinación. Una vez hecho esto, estirar los dos lóbulos sobre una lámina de papel film dándole forma rectangular. Salpimentarlos generosamente y espolvorearlos con el cacao y las pasas escurridas. Enrollarlo en forma de rulo y cerrar los extremos para que quede un paquete cilíndrico bien prieto. Colocarlo dentro de un molde de terrina, pincharlo con una puntilla y meterlo en el microondas a máxima potencia durante 4-5 minutos. Pasado este tiempo, retirar el exceso de grasa en caliente y enfriarlo en la nevera por lo menos 24 horas para que madure y quede más redondo de sabor.

ACABADO Y PRESENTACIÓN

• Sacar el rulo de foie gras de la nevera unos minutos antes de comerlo para trocearlo y que no esté demasiado frío. Cortarlo en rebanadas gruesas con el filo de un cuchillo remojado en agua caliente y espolvorearlo con un poco de cacao en polvo y unos granos de sal. Servir con pan tostado. Listo.

TRUCO | La grasa retirada de la cocción sirve para sofreír, saltear unas patatas o enriquecer un puré. Cuando condimentamos el hígado en crudo, podemos perfumarlo con el remojo de las pasas.

TOMATE – MOZZARELLA

4 COMENSALES

INGREDIENTES

COULIS DE TOMATE Y ALBAHACA

- 400 g de tomates maduros
- 4 cucharaditas de kétchup
- 4 cucharadas de vinagre balsámico
- 10 hojas de albahaca picadas
- 3 cucharadas de AOVE
- dos pizcas de flor de sal

ACEITE DE ALBAHACA

- ½ l de AOVE
- 100 g de hojas de albahaca

TOMATES ALIÑADOS

- 24 tomates cereza
- una pizca de flor de sal
- aceite de albahaca

MAYONESA DE AZAFRÁN

- 4 cucharadas de mayonesa
- algunos pistilos de azafrán
- 1 cucharada de vinagre de sidra
- sal y pimienta

MOZZARELLA CONDIMENTADA

- 1 bola de mozzarella de 250 g
- una pizca de flor de sal
- un chorrito de AOVE

PREPARACIÓN

PARA EL *COULIS* DE TOMATE Y ALBAHACA

En un puchero con el aceite pochar los tomates troceados, dejando que se entreguen al fuego durante 20 minutos. Pasado este tiempo, añadir el kétchup, el vinagre, la sal y las hojas de albahaca. Triturar, colar, enfriar y reservar.

PARA EL ACEITE DE ALBAHACA

En un puchero colocar las hojas de albahaca y cubrir con el AOVE, arrimando a fuego suave hasta que alcance los 60 °C aproximadamente. Retirar del fuego, tapar con papel film e infusionar durante 1 hora. Filtrar y reservar.

PAR LOS TOMATES ALIÑADOS

Realizar una pequeño corte en forma de cruz sobre la piel de los tomates. Freírlos a 180 °C durante unos segundos y retirarlos. Pelarlos, sazonarlos y sumergirlos en aceite de albahaca.

PARA LA MAYONESA DE AZAFRÁN

Entibiar el vinagre en el microondas y sumergir los pistilos de azafrán para que adquieran color y gusto. Una vez frío, añadirlo a la mayonesa, mezclar y salpimentar.

PARA LA MOZZARELLA CONDIMENTADA

Rasgar la mozzarella con las manos y formar pequeñas bolas, aliñándolas con aceite y sal.

ACABADO Y PRESENTACIÓN

- En un plato hondo colocar una buena cantidad de *coulis* bien fresco e ir repartiendo los tomates aliñados con el aceite, intercalando la mayonesa y la mozzarella. Al final, regar con más aceite de albahaca y unas hojas de albahaca fresca. Listo.

TRUCO | Queda estupendo si añadimos unos gajos de tomate maduro para enriquecer aún más la preparación. Unos trozos de albaricoque o de paraguaya en temporada aportan también un puntazo extraordinario.

TORTA DEL CASAR CON REMOLACHA Y BERROS

4 COMENSALES

INGREDIENTES

EMULSIÓN DE MIEL

- 120 ml de leche
- 90 ml de nata
- 80 g de miel
- 1 y ½ hojas de gelatina
- 1 clara de huevo

PESTO DE RÚCULA

- 120 g de rúcula
- 40 g de parmesano rallado
- 175 ml de AOVE

TORTA DEL CASAR

- 1 torta del Casar

PARA TERMINAR

- dados de remolacha cocida
- hojas de berro
- avellanas tostadas
- alcaparras

PREPARACIÓN

PARA LA EMULSIÓN DE MIEL

En una cazuela, fundir la miel, la leche y la nata a fuego medio hasta que hierva ligeramente. Añadir la clara y la gelatina remojada en agua. Mezclar bien y meter la mezcla en un sifón con dos cargas de gas. Reservar en la nevera.

PARA EL PESTO DE RÚCULA

Triturar todo en una batidora eléctrica, añadiendo el aceite poco a poco en hilo fino. Reservar en la nevera.

PARA LA TORTA DEL CASAR

Precalentar el horno a 200 °C. Quitar la corteza superior a la torta y colocar el queso en el interior de una cazoleta de hierro o de barro bien ajustada.

Hornearla de 10 a 15 minutos o hasta que quede bien gratinada y dorada.

ACABADO Y PRESENTACIÓN

- Presentar la torta del Casar recién horneada y caliente en la cazuela. En una fuente desperdigar los dados de remolacha cocida, los berros, unas avellanas tostadas y las alcaparras. Rociar el pesto por encima para aliñarla. Terminar con la emulsión de miel, colocada alrededor. Listo.

TRUCO | Se puede elaborar el pesto con berros deshojados u hojas de albahaca en sustitución de la rúcula.

VELOUTÉ DE CALABAZA CON JENGIBRE Y SÉSAMO NEGRO

4 COMENSALES

INGREDIENTES

- 1 calabaza
- 2 y ½ l de caldo de verduras
- 2 cebollas dulces
- 2 zanahorias
- 80 g de mantequilla
- 60 g de jengibre pelado
- sal y pimienta

PARA TERMINAR

- 50 ml de AOVE
- 25 g de pasta de sésamo negro
- sal y pimienta

PREPARACIÓN

Pelar y picar la cebolla. Pelar, retirar las pepitas y cortar la calabaza en dados grandes. Cortar del mismo tamaño las zanahorias. En una olla, fundir la mantequilla, agregar la cebolla y dejar que sofría durante 4 minutos. Entonces, incorporar la calabaza y dar unas vueltas, añadiendo el jengibre picado, o mejor rallado, dejando que sofría unos minutos más. Verter el caldo caliente, salpimentar y hervir 45 minutos.

ACABADO Y PRESENTACIÓN

- Pasado el tiempo, triturar la mezcla a máxima potencia añadiendo el AOVE en fino hilo hasta que quede una crema de textura suave, lisa y cremosa. Rectificar el sazonamiento. Cuando la vayamos a servir, esparcir por encima unas gotas de pasta de sésamo negro y mezclarlas con la cuchara antes de comer la sopa.

TRUCO | Podemos añadir una cáscara pequeña de naranja a la sopa y retirarla antes de triturar la preparación para que deje un gusto cítrico bien interesante.

Martin Berasategui.

PESCADOS Y MARISCOS

ALMEJAS ABIERTAS CON MAYONESA DE TRUFA NEGRA

4 COMENSALES

INGREDIENTES

ALMEJAS ABIERTAS

- 18 almejas finas grandes
- 50 ml de sidra

MAYONESA DE TRUFA

- 2 yemas de huevo
- 30 g de trufa negra picada
- 150 ml de AOVE
- 1 cucharadita de vinagre de sidra
- sal y pimienta

PARA TERMINAR

- perifollo y cebollino picado
- sal gorda o hielo

PREPARACIÓN

PARA LAS ALMEJAS

Poner la sidra al fuego y, cuando empiece a hervir, echar las almejas. Dejar cocer durante 30 segundos y retirarlas a una bandeja fría. La almeja tiene que quedar totalmente cruda, pero con este paso facilitaremos la tarea de abrirlas sin el riesgo de romper la cáscara. Con la ayuda de una puntilla sacar las almejas de la concha y conservarlas en la nevera, reservando una de las cáscaras. Añadir el jugo que han soltado en la bandeja a la sidra, que sigue al fuego, y reducir hasta conseguir 30 ml de líquido, dos o tres cucharadas aproximadamente. Pasarlo por un colador fino, dejar enfriar y reservar este líquido para agregarlo posteriormente a la mayonesa.

PARA LA MAYONESA DE TRUFA

Colocar las yemas de huevo en un vaso con el vinagre de sidra y la trufa picada, con una batidora eléctrica, ir mezclando y añadiendo el aceite hasta emulsionarla. Agregar el líquido reducido y frío de las almejas que habíamos reservado, acabar de batir y rectificar el sazonamiento.

ACABADO Y PRESENTACIÓN

- Recolocar cada almeja cruda dentro de su concha y cubrirla ligeramente con la mayonesa de trufa. Encima de cada almeja poner un hoja de perifollo y cebollino picado. Presentar las almejas en un plato sobre sal gorda o hielo en escamas.

TRUCO | Podemos hacer la misma receta sustituyendo las almejas por mejillones de roca pequeños o berberechos.

CALAMARES, CEBOLLETA Y TOCINETA

4 COMENSALES

INGREDIENTES

- 2 calamares de 350 g cada uno
- 5 cebolletas grandes
- 5 lonchas de tocineta ibérica adobada
- 100 g de mantequilla
- 2 dientes de ajo picados
- 2 cucharadas de cebollino picado
- un chorrito de aceite de oliva
- una pizca de sal

PARA TERMINAR
- cebollino picado
- un chorrito de AOVE

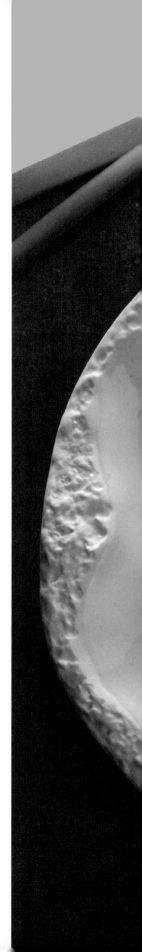

PREPARACIÓN

Picar las cebolletas. Sudarlas en la mantequilla, luego agregar una pizca de sal. Colocar una tapa y dejar cocer durante 45 minutos. Pasar por el vaso de una batidora a máxima potencia, colar y reservar.

Cortar la tocineta en lardones gruesos. Quitar la piel y los tentáculos del calamar, luego abrirlo por la mitad y cortarlo en rectángulos. Colocarlos sobre la tabla y, con el filo del cuchillo, hacerles una cuadrícula o enrejado. Dorarlos con una gota de aceite de oliva en una sartén antiadherente por un solo lado. Que no se sequen. En el mismo fondo, saltear la tocineta y devolver el calamar salteado para que chupe todos los jugos, añadiendo al final el ajo picado.

ACABADO Y PRESENTACIÓN

- Sobre el plato, colocar el puré de cebolleta, encima el calamar salteado y espolvorear la tocineta, el cebollino picado. Por último, rociar un chorrito de AOVE. Listo.

TRUCO | Se puede hacer el mismo plato con sepietas, pulpitos o chipirones pequeños de potera. Dejarles la piel porque aporta sabor y suculencia.

CALAMARES FRITOS EN TEMPURA

4 COMENSALES

INGREDIENTES

LA TEMPURA

- 160 g de harina floja
- 110 g de harina de fibra de trigo o trisol
- 125 ml de agua
- 125 ml de cerveza
- 0,5 g de levadura prensada
- 0,5 g de sal

EL CALAMAR

- 1 cuerpo de calamar limpio de 550 g

PARA TERMINAR

- aceite de oliva

PREPARACIÓN

PARA LA TEMPURA

Mezclar en un bol las dos harinas con la levadura desmenuzada con los dedos. Integrar todo bien con ayuda de una varilla y añadirle el agua, la cerveza y la sal. Remover hasta formar un rebozado con aspecto de crema ligera. Dejar bien cubierto con un paño para que fermente un mínimo de 2 horas.

PARA EL CALAMAR

Abrir el calamar siguiendo la línea de la pluma. Colocarlo estirado en una tabla con la parte del interior hacia arriba y, con la ayuda de un papel de cocina, retirar todos los hilos e impurezas que puedan quedar. Cortar el calamar en tiras de 0,5 cm. Es mejor eliminar la piel para que quede inmaculado en la fritura.

ACABADO Y PRESENTACIÓN

- Calentar en una sartén un buen baño de aceite de oliva a 180 °C. Entonces, sumergir las tiras de calamar en la tempura una a una e ir friéndolas en el aceite hasta que estén bien crujientes, meneándolas con una espumadera para que queden doradas y homogéneas. Escurrirlas sobre un papel absorbente para eliminar el exceso de grasa y servirlas bien calientes.

TRUCO

Si bien los calamares tradicionales se fríen sin la piel, es cierto que dejarla incrementa el sabor, aunque se afee el aspecto. Así que pueden freírse con la piel para comprobar la diferencia y decidir. Otra opción es empapar las tiras de calamar en zumo fresco de limón antes de sumergirlas en la tempura y, a continuación, freírlas.

CARBONARA DE ATÚN ROJO

INGREDIENTES

MACADAMIA GARRAPIÑADA

- 100 g de nueces de macadamia
- 100 g de azúcar
- 50 ml de agua

ATÚN ROJO

- 1 lomo de 500 g de atún rojo

FIDEOS FINOS DE ARROZ

- 200 g de fideos finos de arroz rehidratados en agua fría
- 6 yemas de huevo batidas
- una pizca de sal y pimienta

PREPARACIÓN

PARA LA MACADAMIA GARRAPIÑADA

Mezclar en un pequeño cazo el agua con el azúcar y calentarlo suavemente para que esta se disuelva, pero sin que coja color de caramelo. Entonces, incorporar las nueces fuera del fuego y moverlas bien con ayuda de una cuchara de palo para que se rebocen con el azúcar y forme una película blanquecina. Luego, devolverlas a fuego suave y removerlas despacio con la cuchara de palo para que se vayan caramelizando, poco a poco. Por último, volcarlas sobre un papel sulfurizado aceitado para que se enfríen.

PARA EL ATÚN ROJO

Sobre una tabla y con un cuchillo bien afilado, tallar los lomos en rectángulos y estos en láminas de apenas 1 cm de grosor. Colocarlos en una bandeja sobre papel de cocina.

PARA LOS FIDEOS DE ARROZ

Escurrirlos del agua en la que los rehidratamos. Arrimar agua al fuego y, en cuanto arranque el hervor, añadir una pizca de sal y volcar los fideos durante unos segundos. Luego, escurrir a través de un colador. Después, meterlos en un bol y empaparlos con las yemas de huevo batidas. Sazonar con sal y pimienta, como si fuera una carbonara, y remover delicadamente para que el fideo no se rompa y se embadurne de yema.

ACABADO Y PRESENTACIÓN

- Con la ayuda de unas pinzas largas o un tenedor, hacer unas madejas con los fideos calientes aliñados y colocarlos en el centro de unos platos. Por encima, apoyar con cuidado los lomos de atún rojo loncheados y las macadamias garrapiñadas enteras o rotas. Listo.

TRUCO Podemos sustituir las macadamias por almendras, avellanas o pistachos. En lugar de atún rojo, esta receta también admite pez espada, bonito en temporada, corvina, dorada, pez limón o el pescado que nos apetezca. Si no encontramos fideos de arroz, podemos utilizar la clásica pasta de sémola italiana cocida *al dente* de forma tradicional.

CREMA ROYAL DE ALMEJAS

4 COMENSALES

INGREDIENTES

COCCIÓN DE LA ALMEJA

- 15 almejas finas
- 50 ml de vino blanco
- sal

ROYAL DE ALMEJA

- 150 g de carne de almeja
- 50 ml de jugo de almejas
- 200 ml de nata fresca
- 100 ml de leche entera
- 55 g de huevo entero
- 40 g de yema de huevo
- sal

PARA TERMINAR

- brotes verdes
- una pizca de cebollino

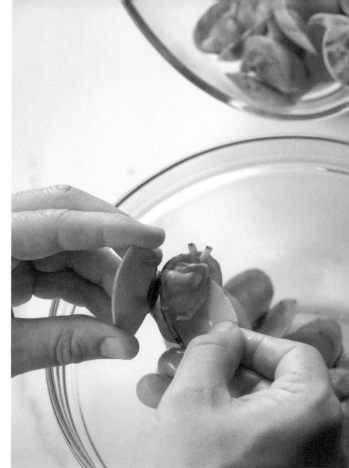

PREPARACIÓN

PARA LA COCCIÓN DE LA ALMEJA

Limpiar bien las almejas purgándolas en abundante agua con sal durante 1 hora en la nevera. En una sartén a fuego fuerte, volcar las almejas y añadir el vino blanco. Poner la tapa y esperar a que se abran, sin dejar que queden cauchosas por exceso de cocción. Escurrirlas y rescatar el jugo, que pasaremos por un colador para eliminar las impurezas. Soltar la carne de las conchas de las almejas y reservar.

PARA LA ROYAL

En el vaso de una batidora americana triturar todos los elementos a potencia máxima para que quede una mezcla bien fina. Colarla, rectificar el sazonamiento si estuviera muy sosa y rellenar varios platos hondos que puedan ir al horno. Cocer la mezcla al vapor y convertirla en una crema o royal cuajada. Cubrir las cremas con papel de aluminio. Hornearlas a 85 °C en función vapor durante 10 minutos, hasta conseguir que la mezcla adquiera la textura cuajada de un flan.

ACABADO Y PRESENTACIÓN

- Colocar tres almejas limpias sobre cada crema royal cuajada y espolvorear unos brotes verdes y una pizca de cebollino.

TRUCO | La misma receta queda estupenda sustituyendo las almejas por mejillones o por berberechos.

LENGUADO CON SALSA DE COLMENILLAS Y JUGO DE RÚCULA

4 COMENSALES

INGREDIENTES

SALSA DE COLMENILLAS

- 20 g de mantequilla
- 30 g de chalota picada
- 1 diente de ajo
- 1 rama de tomillo
- 100 g de colmenillas picadas
- 40 ml de vino blanco
- 500 ml de nata
- sal

JUGO DE RÚCULA

- 200 ml de caldo de pescado
- 100 g de rúcula
- 100 g de mantequilla
- sal y pimienta

LENGUADO

- 4 filetes de lenguado con piel
- 1 cucharada sopera de AOVE
- sal y pimienta

PARA TERMINAR

- hojas de rúcula
- AOVE

PREPARACIÓN

PARA LA SALSA DE COLMENILLAS

Sofreír en la mantequilla las chalotas, el ajo y el tomillo. Añadir las colmenillas, sazonar ligeramente, tapar y cocer a fuego suave durante 5 minutos. Añadir el vino, reducir y agregar la nata. Cocer durante 15 minutos a fuego muy suave y triturar. Colar con un colador un fino y rectificar de sal. Reservar.

PARA EL JUGO DE RÚCULA

Hervir el caldo y añadir la rúcula. Triturar a máxima potencia con una batidora eléctrica, incorporando la mantequilla en dados muy poco a poco. Pasar el jugo por un colador para que quede bien fino y salpimentarlo.

PARA EL LENGUADO

En una sartén con aceite bien caliente, dorar 4 minutos por cada lado los lomos de lenguado salpimentados hasta que queden bien jugosos.

ACABADO Y PRESENTACIÓN

- Escurrir los lomos de lenguado y colocarlos en una fuente. Salsearlos con los dos jugos, el de colmenillas y el de rúcula. Esparcir unas hojas de rúcula y un hilo de aceite.

TRUCO | Los lomos de lenguado quedan más sabrosos si antes de emplatarlos los rociamos con unas gotas de vinagre de sidra y un refrito ligero de ajos laminados y aceite.

MEJILLONES «TXINTXORRO»

4 COMENSALES

INGREDIENTES

MEJILLONES

- 2,2 kg de mejillones
- 3 chalotas
- 30 ml de vino blanco
- 20 ml de AOVE
- 1 rama de tomillo
- 1 limón
- 3 dientes de ajo

MAYONESA

- 2 yemas de huevo
- 75 ml de AOVE
- 20 g de mostaza
- 1 cucharadita de pimentón de la Vera agridulce
- sal

SALSA

- 10 g de estragón
- 10 g de perejil
- 10 g de cebollino
- el jugo de cocción de los mejillones
- 35 g de kétchup
- 7 ml de salsa Worcestershire
- el zumo de 1 limón
- 4 cucharadas de AOVE

PREPARACIÓN

PARA LOS MEJILLONES

Pelar y picar las chalotas. Rehogarlas a fuego lento, sin que cojan color, con el aceite. Añadir el tomillo, el ajo picado, el limón cortado en rodajas, los mejillones y el vino blanco, removiendo todo bien. Cocinar con la tapa puesta de 4 a 5 minutos. Según se abran los mejillones, retirarlos para que no se sequen ni queden cauchosos.

Colar el jugo resultante y dejar solo las cáscaras que contienen los cuerpos de los mejillones.

PARA LA MAYONESA

En un vaso de batidora, mezclar las yemas de huevo con la mostaza y batir enérgicamente. Emulsionar con el aceite añadido a hilo, sazonando y rematando con el pimentón para que quede una salsa encarnada.

PARA LA SALSA

Picar las hierbas sobre la tabla o con unas tijeras. Mezclar todos los ingredientes con el jugo de cocción de los mejillones para obtener un aderezo muy sabroso.

ACABADO Y PRESENTACIÓN

- Verter la salsa finalizada sobre los mejillones en sus cáscaras y acompañar con la mayonesa recién hecha.

TRUCO | Para limpiar los mejillones crudos es muy importante tirar de las barbas hacia el extremo en punta y nunca hacia la parte curva para evitar que se desgarren y no se rompan una vez cocidos.

MEJILLONES EN ESCABECHE CON CREMA DE COLIFLOR

4 COMENSALES

INGREDIENTES

ESCABECHE

- 500 ml de AOVE
- 250 ml de vino blanco
- 250 ml de vinagre de sidra
- 10 g de ajo laminado
- 5 g de pimienta negra en grano
- 1,5 g de pimentón de la Vera

MEJILLONES

- 4 kg de mejillones crudos y limpios
- 40 g de chalota en tiras
- un chorrito de AOVE

CREMA DE COLIFLOR

- 2 coliflores pequeñas
- 5 cucharadas de AOVE
- 2 cucharadas de jugo de mejillón reducido
- sal al gusto

PREPARACIÓN

PARA EL ESCABECHE

En un cazo bailar el aceite y el ajo laminado, apartar del fuego. Añadir el pimentón y la pimienta en grano y remover para que se disuelva bien. Por último, incorporar el vino y el vinagre de sidra y dejar reposar unos minutos.

PARA LOS MEJILLONES

Pochar en el aceite las chalotas durante 5 minutos. Acto seguido, añadir los mejillones, tapar y dejar hasta que se abran y suelten el jugo. Entonces, escurrirlos sobre una bandeja fría para que no se pasen de cocción. Reducir a fuego suave el jugo que quede en el fondo de la cazuela hasta que resulten 4 cucharadas muy concentradas, que pasaremos por un colador. Una vez fríos los mejillones, quitarles las cáscaras y meterlos limpios en el escabeche con 2 cucharadas de jugo reducido. Dejarlos reposar unas horas antes de utilizarlos.

PARA LA CREMA DE COLIFLOR

Cocer las coliflores en ramilletes en agua sin sal a borbotón fuerte hasta que queden muy hechas. Escurrirlas perfectamente. Entonces, triturar en un vaso americano a máxima potencia con el jugo de mejillón y añadir en hilo el AOVE. Rectificar el sazonamiento si fuera necesario.

ACABADO Y PRESENTACIÓN

- Colocar en el fondo de unos boles la crema tibia o fría de coliflor y, sobre ella, los mejillones escurridos y cubiertos con una pizca del escabeche, intentando que las capas queden diferenciadas. Listo.

TRUCO | Conviene hacer el escabeche con antelación y mejorarlo en la nevera, bien cubierto. Un par de horas antes de utilizarlo o comerlo, sacarlo de la nevera para que pierda frío y gane sabor.

MEJILLONES EN SALSA DE BERROS

4 COMENSALES

INGREDIENTES

- 1,5 kg de mejillones
- 200 ml de vino blanco
- 3 chalotas en tiras
- 4 cucharadas de mantequilla
- 10 ramas de tomillo fresco deshojado
- 2 manojos pequeños de berros
- pimienta negra
- un chorrito de AOVE

PREPARACIÓN

Lavar los mejillones bajo el agua fría. Calentar una sartén, luego verter los mejillones y agregar las chalotas y la mantequilla. Poner la tapa y, en cuanto humee, abrir y añadir el vino, el tomillo y unas vueltas de pimienta fresca de molinillo. Tapar la sartén de nuevo y menear para mezclar los mejillones. Estarán cocidos cuando se hayan abierto, sin que se queden gomosos, muy importante. Escurrirlos para que no se hagan demasiado y en el fondo echar uno de los manojos de berros bien troceados. Meter la salsa en una batidora y accionar la máxima potencia para que quede bien verde.

ACABADO Y PRESENTACIÓN

- Devolver la salsa a la cazuela, meter los mejillones a los que habremos quitado la cáscara vacía y espolvorear fuera del fuego el otro manojo de berros recién picado y un chorrito de AOVE. Listo. Servir rápido para que no pierda color.

TRUCO | Al limpiar los mejillones bajo el agua fría, tirar siempre de las barbas hacia la zona puntiaguda del mejillón, nunca hacia la zona redondeada.

NAVAJAS CON CHORIZO Y TXACOLI

4 COMENSALES

INGREDIENTES

- 750 g de navajas
- 100 g de chorizo tierno picante picado
- 80 ml de txacoli
- 20 ml de AOVE
- 3 dientes de ajo picados
- sal gruesa

PARA TERMINAR

- 50 g de perejil picado
- pimienta molida

PREPARACIÓN

Verter abundante agua fría dentro de un recipiente grande y agregar un puñado de sal gruesa. Pasar las navajas por agua fría del grifo para eliminar las impurezas y luego sumergirlas en agua salada durante 1 hora. Transcurrido este tiempo, escurrirlas de modo que la arena se acumule en el fondo. En una sartén o *sauté* grande, añadir el aceite, dorar los ajos muy suavemente e incorporar el chorizo, dejando que aflore la grasa.

Tras unos minutos, colocar encima las navajas, dar unas vueltas, verter el txacoli y subir el fuego para que las navajas se abran y el jugo que surge de su interior se mezcle con el sofrito rojo del chorizo y el ajo.

ACABADO Y PRESENTACIÓN

- Espolvorear el perejil, pimentar generosamente y servir rápidamente para que las navajas no se sequen.

TRUCO | Esta receta queda fabulosa sustituyendo el chorizo por salchichón tierno picado y añadiendo oloroso en vez de txakoli.

OSTRAS CALIENTES

4 COMENSALES

INGREDIENTES

- 6 ostras
- 1 l de agua filtrada
- 30 g de sal
- 70 ml de nata doble o espesa
- 30 ml de nata
- 2 chalotas picadas
- 15 ml de vino blanco
- 15 ml de agua de ostras
- 1 cucharadita de pimentón de la Vera
- 2 cucharadas de pan rallado
- sal y pimienta

PREPARACIÓN

Preparar una mezcla de 1 l de agua con 30 g de sal, que utilizaremos para limpiar las ostras. Abrir las ostras, reservar el jugo del interior y enjuagarlas dentro de la mezcla de agua y sal. Quitar la tapa y reservar la concha cóncava de la base. En un bol, mezclar las chalotas picadas, el vino blanco, el agua de ostras (previamente pasada por un colador para retirar impurezas), la nata, la nata espesa y, por último, el pimentón de la Vera.

Precalentar el horno en modo grill. Sobre una bandeja de horno colocar en la base una cantidad generosa de sal. Disponer las ostras metidas en sus conchas. Cubrirlas con la mezcla previamente realizada. Espolvorear con un poco de pan rallado. Gratinarlas hasta que queden bien doradas y tostadas.

TRUCO | Podemos añadir a la crema para gratinar las ostras una pizca de ralladura y unas gotas de limón o de pomelo, además de cebollino picado.

PULPO, CREMA DE PATATA Y PIMENTÓN DE LA VERA

INGREDIENTES

- 1 pulpo de 2 kg
- 100 ml de AOVE
- 2 cucharadas de pimentón de la Vera

CREMA DE PATATA

- 1 kg de patatas
- 350 g de mantequilla
- 250 ml de AOVE
- 100 ml de leche
- 1 cucharada rasa de pimentón de la Vera
- sal y pimienta

PREPARACIÓN

Para la limpieza del pulpo, en primer lugar quitar los ojos y el pico. Con ayuda de un cepillo, limpiar bien todas las ventosas para retirar la suciedad. Debajo del grifo de agua fría, quitar el limo (la babilla que recubre al pulpo).

PARA LA COCCIÓN DEL PULPO

Una vez limpio, hay que lañar el pulpo, que consiste en buscar la membrana más clara, que es la tela que está entre los tentáculos, y hacerle un corte desde el principio hasta el final del tentáculo. (Con este corte se consigue que el pulpo tenga una cocción más relajada). Con el lañado ya hecho, asustar en agua hirviendo 3 veces. Esto sirve para no tener un contraste de temperatura tan alto que haría que la piel del pulpo se desgarrase durante la cocción. Después de asustarlo, meter el pulpo con la cabeza hacia arriba para que la parte más gruesa este abajo y así la cocción sea pareja en todo el animal. El tiempo de cocción del pulpo suele ser de 20 minutos por kilo, si bien conviene revisarlo durante la cocción pinchándolo con un palillo. Cuando esté tierno y en su punto, dejarlo reposar en la misma agua de cocción y con el fuego apagado durante 5 minutos. Reservar agua de cocción del pulpo para la siguiente preparación.

PARA LA CREMA DE PATATA

Colocar una olla con agua de cocción del pulpo previamente reservada y cocer las patatas con piel unos 25 minutos. Escurrirlas y pelarlas en caliente. Calentar la leche. Fundir la mantequilla. Colocar la patata pelada en un robot de cocina e ir agregando la mantequilla fundida y el aceite en hilo fino. Terminar incorporando la leche caliente de a poco hasta que quede una emulsión lisa. Por último, añadir el pimentón de la Vera y poner a punto de sal y pimienta.

ACABADO Y PRESENTACIÓN

- Colocar la crema de patata en el fondo de un plato y tapizar la superficie con el pulpo escurrido y laminado. Terminar con un chorrito de aceite de oliva y espolvorear con una pizca de pimentón de la Vera.

TRUCO | Al escurrir el pulpo del agua, colocarlo con la cabeza hacia abajo usando un vaso para darle altura y que los tentáculos cuelguen para que guarde bien la forma y que no se lastime.

ROLLITOS DE SALMÓN AHUMADO

4 COMENSALES

INGREDIENTES

RELLENO

- 150 g de brotes de espinacas
- 80 g de queso fresco
- 2 cebolletas pequeñas
- 10 ml de AOVE
- 1 pizca de sal

ROLLITOS

- 500 g de láminas de salmón ahumado
- mezcla del relleno

PREPARACIÓN

PARA EL RELLENO

Lavar bien las espinacas y secarlas de forma que no quede nada de agua en ellas. En un bol añadir la cebolleta muy picada y las espinacas cortadas en finas tiras. Aliñar con la sal y el aceite, mezclando bien. Por último, agregar el queso y mezclar nuevamente. Reservar en la nevera para que enfríe y tome cuerpo.

PARA LOS ROLLITOS

Sobre un papel film desenrollado sobre la mesa estirar las lonchas de salmón montadas unas sobre otras y, por encima, colocar una línea ancha y gruesa del relleno. Enrollar el salmón y dar vueltas al film hasta conseguir un cilindro completamente cerrado. Reservar en la nevera para que se endurezca.

ACABADO Y PRESENTACIÓN

- Una vez bien fríos y con un cuchillo afilado para no aplastarlos, cortar rodajas de 3 cm de grosor, al bies o dándole un corte preciso y bonito. Colocarlos sobre una bandeja y disfrutarlos tal cual.

TRUCO | Al relleno podemos incorporarle algunos dados de aguacate maduros, albahaca o dados de tomate crudo o confitado, combinando con otros ingredientes como encurtidos o algún filete de anchoa en salazón.

SALPICÓN DE QUISQUILLA

4 COMENSALES

INGREDIENTES

CORAL DE QUISQUILLA

- las cabezas crudas de 1 kg de quisquillas
- 1 nuez de mantequilla

MAYONESA

- 200 ml de AOVE
- 75 g de coral de quisquilla
- 50 g de yema de huevo
- 15 ml de vinagre de sidra
- una pizca de sal

SALPICÓN DE QUISQUILLA

- 800 g de quisquilla cruda picada fina
- 200 ml de mayonesa de coral
- 160 g de clara de huevo cocido picada
- 160 g de yema de huevo cocido picada
- 100 g de pimientos del piquillo picados
- 50 g de cebolleta cruda picada
- 50 ml de AOVE
- 50 ml de vinagre de sidra
- una pizca de perejil picado
- la ralladura de 1 limón
- sal y pimienta

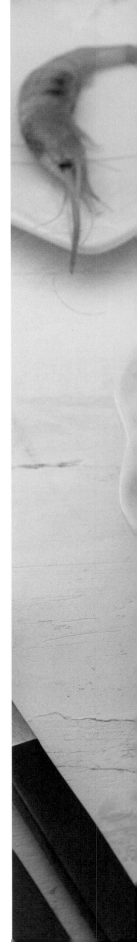

PREPARACIÓN

PARA EL CORAL DE QUISQUILLA

En una sartén antiadherente saltear unos segundos a fuego no muy fuerte las cabezas con la mantequilla, con cuidado de que no se quemen. Pasarlas a una bandeja y dejarlas reposar unos minutos. Cuando estén frías, aplastarlas contra un colador de malla muy fino para obtener el jugo del coral de las cabezas. Reservarlo en la nevera.

PARA LA MAYONESA

En un vaso de batidora eléctrica añadir la yema de huevo, el coral de quisquilla, el vinagre de sidra y la sal. Ir incorporando el aceite en forma de hilo mientras le damos con la batidora eléctrica con movimientos de arriba abajo para ligar la mayonesa. Una vez ligada, guardarla en la nevera.

ACABADO Y PRESENTACIÓN

- Picar todos los ingredientes muy finos a cuchillo. Mezclar la quisquilla, el piquillo, la yema cocida, la clara cocida, la cebolleta y el perejil picado. Añadir la mayonesa de coral de quisquilla, mezclar bien y, en el último momento, agregar el aceite, el vinagre y la ralladura de limón. Mezclar bien y salpimentar al gusto, para rectificar la sazón. Servirla muy fría.

TRUCO | Podemos sustituir la quisquilla cruda por gamba blanca de Huelva y hacer los corales con las cabezas para aromatizar la mayonesa. Y el mismo procedimiento con carabineros o pequeñas cigalas de lancha.

TIRADITO DE LUBINA CON AJÍ AMARILLO

4 COMENSALES

INGREDIENTES

LECHE DE TIGRE

- 200 g de recortes de carne de lubina
- 300 ml de caldo de pescado sabroso
- 120 ml de leche evaporada
- 75 g de apio
- 50 g de cebolla morada
- 22 g de tallos de cilantro
- 10 g de ajo
- 4 g de ají limo limpio
- 8 g de jengibre

TIRADITO DE LUBINA

- 280 g de lubina fresca sin piel
- 200 g de pasta de ají amarillo
- 90 ml de zumo de limón
- 90 ml de zumo de lima
- 80 ml de leche de tigre
- 2 cucharadas de cebolla morada en tiras finas
- 1 cucharada de hojas de cilantro picado
- una pizca de sal

PREPARACIÓN

PARA LA LECHE DE TIGRE

Cuando limpiamos la lubina, los recortes son todos los pedazos de carne, puntas y carne adherida a la espina que podamos rescatar con un cuchillo afilado. Colocar todos los ingredientes en el vaso de una batidora y triturarlos. Colar y reservar el resultado en la nevera.

Sobre una tabla y con la ayuda de un cuchillo bien afilado, cortar la lubina en láminas muy finas e ir colocándolas bien estiradas sobre el fondo de un plato, dándoles forma de rosetón circular, sin amontonarlas.

ACABADO Y PRESENTACIÓN

- Mezclar la leche de tigre, la pasta de ají amarillo, el zumo de limón, el zumo de lima y la cebolla morada cortada en tiras muy finas. Añadir la sal y el cilantro picado y rectificar la sazón. Cubrir con esta salsa la lubina recién cortada y servir. Listo.

TRUCO | Podemos sustituir la lubina por otros pescados que nos gusten tanto o más, como dorada, rape, pez limón, bacalao fresco, besugo, mero o incluso caballa.

VICHYSSOISE HELADA DE SALMONETE AL AZAFRÁN, FLORES DE AJO Y ACEITE DE OLIVA

4 COMENSALES

INGREDIENTES

VICHYSSOISE

- 1 l de caldo de verduras
- 500 g de patatas peladas y cascadas
- 350 g de blanco de puerro troceado
- 250 ml de leche
- 100 ml de nata
- 40 g de mantequilla
- 1 cebolleta tierna en tiras
- 1 ramita de apio picado
- una pizca de nuez moscada
- sal

SALMONETES

- 2 salmonetes de 250 g cada uno
- 200 ml de caldo de pescado
- 1 diente de ajo laminado

- 1 ramillete de hojas de perejil
- una pizca de azafrán
- un chorrito de AOVE
- sal y pimienta

PARA TERMINAR

- 1,5 l de aceite de girasol
- un chorrito de AOVE
- hierbas aromáticas frescas

PREPARACIÓN

PARA LA VICHYSSOISE

En un puchero con la mantequilla pochar a fuego muy suave el puerro, la cebolleta y el apio con una pizca de sal durante 10 minutos. Pasado este tiempo, mojar con el caldo, añadir las patatas y, en cuanto arranque el hervor, rectificar el sazonamiento, dejando que cueza a fuego suave durante 30 minutos. Entonces triturar, añadir la leche y la nata hervidas juntas y una pizca de nuez moscada. Hervir suavemente 5 minutos más, rectificar la sazón, enfriar y reservar.

PARA LOS SALMONETES

Limpiar y vaciar delicadamente los salmonetes, guardando las espinas y cabezas troceadas. Soltar los lomos y retirar con cuidado las espinitas interiores con ayuda de unas pinzas. Cortar el lomo por la parte de la carne en 3 trozos, darles la vuelta y levantar las escamas con ayuda de los dedos sin soltarlas, masajeando el lomo para que las escamas queden un poco separadas de la carne y suflen cuando las reguemos con aceite caliente. Reservar los filetes en la nevera. En un puchero aparte, dorar con un chorrito de aceite las cabezas y las espinas. Añadir el ajo y el perejil, dando unas vueltas, y verter el caldo y la pizca de azafrán, dejando que reduzca al fuego unos minutos hasta que obtengamos un par de cucharadas de jugo muy sabroso. Colarlo y rectificarlo de sazón si fuera necesario.

Sazonar los filetes y calentar el aceite de girasol a 200 °C. Colocar los filetes en una rejilla fina sobre una cazuela que recoja el aceite hirviendo que le tiraremos por encima. Cuando el aceite alcance la temperatura, con ayuda de un cacillo rociarlo cuidadosamente sobre cada filete de salmonete hasta que las escamas se ericen y queden bien crujientes, de manera que el pescado se haga por acción del calor. Repetir la operación un par de veces para que el calor llegue bien al interior del pescado.

ACABADO Y PRESENTACIÓN

- Servir los lomos con escamas comestibles sobre la vichyssoise bien fría, espolvoreando algunas hierbas aromáticas, un hilo muy fino del jugo reducido de azafrán y unas gotas de aceite. Listo.

TRUCO Podemos evitar el lío de las escamas comestibles salteando los lomos de salmonete sin más en una pizca de aceite y dejando la piel bien tostada. No es lo mismo, pero queda también de rechupete.

Martin Berasategui.

CARNES

ALAS DE POLLO AL VINAGRE DE JEREZ

4 COMENSALES

INGREDIENTES

- 1 kg de alas de pollo de grano
- 400 ml de caldo de ave
- 200 ml de vinagre de Jerez y un chorrito para el final de la cocción
- 100 ml de vino oloroso
- 40 g de mantequilla
- 40 ml de AOVE
- 3 tomates
- 30 g de perejil y estragón fresco
- 4 chalotas picadas
- 6 dientes de ajo picados
- sal y pimienta

PREPARACIÓN

Sumergir los tomates en agua hirviendo, escurrirlos rápidamente y pasar a un baño de agua y hielos. Pelarlos, retirarles las semillas y cortar la pulpa en dados pequeños. Lavar y picar el perejil y el estragón. Luego, cortar las puntas de las alas y salpimentarlas. Dentro de una cacerola, fundir la mantequilla con el aceite de oliva y dorar las alas. Retirarlas a un plato. En la misma cacerola añadir las chalotas, dar unas vueltas e incorporar el ajo. Verter el vinagre y reducir a fuego suave hasta que quede seco. Incorporar el chorrito de más, las alas doradas, el vino y el caldo, hervir durante 3 minutos. Agregar los dados de tomate, tapar la olla a medias dejando un hueco y guisar a fuego suave durante 20 o 30 minutos.

ACABADO Y PRESENTACIÓN

- Una vez guisadas, rescatar las alas a un plato y dejar que el fondo reduzca hasta que quede una salsa muy concentrada y sabrosa. Después, devolver las alas guisadas a la salsa, rectificando la sazón. Darles un meneo y, por último, añadir el perejil picado y el estragón. Listo.

TRUCO | Podemos añadir a la salsa un puñado de aceitunas verdes o negras al final y darle un hervor junto a las alas, que aporta un puntillo muy moruno.

BROCHETA DE POLLO TANDOORI

4 COMENSALES

INGREDIENTES

LAS BROCHETAS

- 750 g de carne de muslo de pollo, sin piel y en tacos
- 100 ml de aceite de oliva virgen extra
- 20 g de ajo picado
- 3 g de sumac
- 3 g de pimentón de Espelette
- 3 g de pimentón dulce de la Vera
- 3 g de ras el hanout
- 3 g de especias tandoori
- 3 g de pimienta negra molida
- 1 cucharada de perejil picado
- una pizca de sal

EL ALIOLI

- 1 yema de huevo
- 150 ml de aceite de girasol
- 150 ml de aceite de oliva
- 100 ml de nata líquida
- 50 ml de agua templada
- 1 diente de ajo crudo
- una pizca de sal

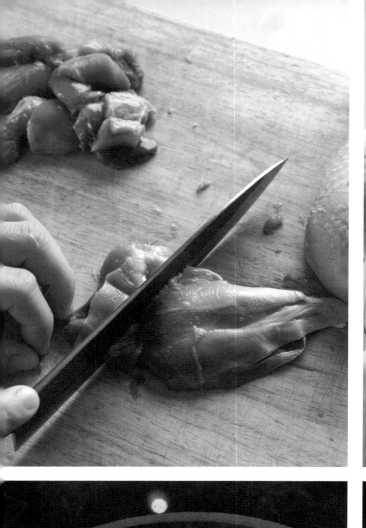

PREPARACIÓN

PARA LAS BROCHETAS

Juntar en un bol los dados de carne de pollo con el resto de los ingredientes y mezclar con una cuchara o con las manos para que el aliño quede bien repartido. Cubrir el bol con papel film y meterlo en la nevera al menos 8 horas. Para montar las brochetas, ensartar la carne y hacer brochetas menudas, no muy cargadas. Colocarlas en una fuente y reservarlas hasta el momento de cocinarlas a la plancha, en la sartén o a la parrilla.

PARA EL ALIOLI

En el vaso de una batidora de brazo triturar la yema, el agua templada y el diente de ajo hasta obtener una crema. Incorporar, poco a poco, los aceites para montar una salsa bien cremosa. Por último, añadir la nata y rectificar el sazonamiento para que quede en su punto.

ACABADO Y PRESENTACIÓN

- Tostar las brochetas hasta que queden bien doradas en una plancha, una sartén antiadherente o las brasas incandescentes de una parrilla. Escurrirlas conforme se doren y reservarlas en una fuente. Acompañarlas con la salsa alioli.

TRUCO | Es recomendable remojar en agua durante unas horas las brochetas de madera para que, cuando las echemos a la parrilla o a la sartén, tarden en tostarse y mantengan la forma. Debemos acomodar las especias a nuestro gusto o sustituirlas por otras que nos convengan más.

CARNE ASADA DE CERDO CON CONDIMENTO DE HIERBAS

4 COMENSALES

INGREDIENTES

CONDIMENTO DE HIERBAS

- 25 g de perejil
- 25 g de berros
- 25 g de menta
- 70 ml de AOVE
- 35 ml de vinagre de Jerez
- 1 cucharada de mostaza tipo Dijon
- 1 cucharada de zumo de limón
- 2 cucharadas de caldo de carne
- 8 alcaparras
- 4 filetes de anchoas en salazón
- sal y pimienta

PATATAS CONFITADAS

- 500 g de patatas nuevas pequeñas con su piel
- 250 ml de AOVE
- 8 dientes de ajo
- sal y pimienta

PURÉ DE CEBOLLETA

- 800 g de cebolleta picada
- 150 ml de agua o caldo de carne
- 50 ml de AOVE
- 70 g de mantequilla
- sal y pimienta

CARNE ASADA

- 1 lomo de cabezada de cerdo de 800 g
- 60 ml de AOVE
- 20 g de mantequilla
- 2 ramitas de tomillo
- 3 chalotas
- 3 dientes de ajo
- sal y pimienta

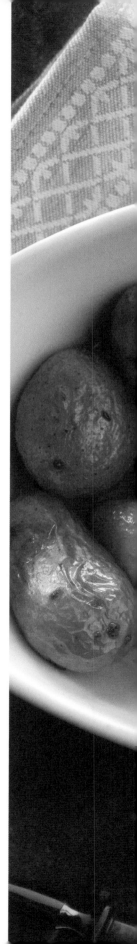

PREPARACIÓN

PARA EL CONDIMENTO DE HIERBAS

Lavar y escurrir todas las hierbas. Blanquearlas en agua hirviendo y enfriarlas inmediatamente en un baño de agua y hielos. Escurrirlas, meterlas en el fondo del vaso de una batidora con el resto de los ingredientes y batir a máxima potencia.

PARA LAS PATATAS CONFITADAS

Lavar las patatas, cubrirlas de aceite en una cazuela ancha y baja (que toquen todas el fondo y no se amontonen). Añadir los ajos aplastados y confitarlas al fuego, a borbotones imperceptibles, durante 25 minutos. Una vez confitadas, escurrirlas y mantenerlas calientes.

PARA EL PURÉ

Sofreír la cebolleta con una pizca de sal en el aceite y la mantequilla fundida, subiendo progresivamente el fuego para que se evapore el jugo y comience a tostarse bien el fondo. Añadir el agua o el caldo y dejar a fuego muy suave unos 30 minutos más para que se evapore y la cebolleta quede tierna. Para terminar, batir a máxima potencia hasta lograr un puré muy sabroso. Colar y rectificar la sazón.

PARA LA CARNE ASADA

Precalentar el horno a 170 °C. Calentar una cacerola con el aceite de oliva, el tomillo, las chalotas y los dientes de ajo. Dorar la carne salpimentada dándole vueltas y regándola constantemente. Añadir al final la mantequilla para que adquiera un aspecto muy sabroso. Estará dorándose en la cacerola durante 25 minutos aproximadamente. Para rematarla, terminar la cocción en el horno otros 15 minutos. Cuando se haya hecho, colocar la carne sobre una rejilla, cubrir con papel de aluminio y dejarla reposar 5 minutos.

ACABADO Y PRESENTACIÓN

- Trinchar la carne en rodajas finas sobre una tabla. Salpimentarla generosamente y acompañar los filetes con el condimento de hierbas a modo de «mostaza», las patatas confitadas escurridas y el puré de cebolleta.

TRUCO | Al triturar el puré de cebolleta en la batidora, podemos añadir por la boca un buen golpe de cáscara de limón recién rallada para darle un toque muy exótico y fresco.

COSTILLAS DE CERDO CON CHALOTAS CONFITADAS

4 COMENSALES

INGREDIENTES

CHALOTA CONFITADA

- 9 chalotas grandes
- 350 ml de AOVE
- 20 g de miel
- ½ cabeza de ajos
- sal y pimienta molida

COSTILLAS DE CERDO

- 2 kg de costillas de cerdo troceadas
- 250 g de cebolla picada
- 200 ml de agua
- 3 zanahorias picadas
- 12 g de pimentón de la Vera
- 6 g de jengibre picado
- 6 g de semillas de cilantro
- 4 dientes de ajo picados
- 2 ramas de tomillo
- 2 ramas de romero
- 2 cucharadas de sirope de arce
- 1 hoja pequeña de laurel
- un chorrito de AOVE
- un chorrito de salsa de soja
- sal y pimienta

PREPARACIÓN

PARA LA CHALOTA CONFITADA

Pelar las chalotas dejándoles el callo que une las capas para que no se suelten al cocinarlas. Colocar las chalotas dentro de una cacerola en la que quepan apretadas y toquen todas el fondo, incorporar el aceite, la pimienta molida, la sal y la media cabeza de ajos. Confitar a fuego bajo durante 40 minutos. Una vez confitadas, escurrirlas y darles una vuelta en una sartén antiadherente para que cojan un poco de color, rociándolas con la miel para que queden brillantes y lustrosas.

PARA LAS COSTILLAS DE CERDO

Precalentar el horno a 140 °C. En una sartén a fuego muy fuerte, dorar las costillas por cada lado con un chorrito de aceite y reservarlas. Sazonarlas con sal, pimienta y pimentón. En esa misma sartén, poner las zanahorias, el ajo y la cebolla junto con las hierbas y el jengibre. Posar las costillas doradas encima y meterlas al horno durante 3 horas y media. Transcurrido ese tiempo, agregar el agua, el sirope y la salsa de soja, las semillas de cilantro y el laurel, dejando que siga la cocción 15 minutos más. Luego, retirar las costillas del horno y colar el jugo, que pondremos al fuego para rectificarlo de sazón.

ACABADO Y PRESENTACIÓN

- Rociar las costillas con la salsa y acompañarlas con las chalotas calientes.

TRUCO | Durante el confitado, cuando la chalota deja de soltar burbujas significa que han soltado toda la humedad y están listas, suaves y fundentes.

ESPALDILLA ASADA CON SALSA DE PACHARÁN Y VERDURAS

4 COMENSALES

INGREDIENTES

- 1,2 kg de espaldilla de ternera
- 60 g de mantequilla
- 50 ml de AOVE
- 2 chalotas
- 3 dientes de ajo
- sal y pimienta

SALSA EXÓTICA DE PACHARÁN

- 4 cucharadas de pacharán
- 200 g de tomate en dados o puré de tomate natural
- 50 g de azúcar
- 50 g de concentrado de tomate
- 50 ml de vinagre de Jerez
- 1 cucharada de salsa Worcestershire
- 1 cucharada de salsa de soja

VERDURAS

- 3 zanahorias grandes
- 2 remolachas cocidas y peladas
- 50 g de mantequilla
- 1 pera pelada y descorazonada en dados pequeños
- un chorrito de AOVE
- 1 cucharada de vinagre de vino
- sal y pimienta

PREPARACIÓN

Precalentar el horno a 180 °C. Salpimentar la carne. Pelar y cortar en cuartos las chalotas y los ajos, a la mitad. En una sartén calentar el aceite y dorar la espaldilla por ambos lados. Agregar las chalotas en cuartos, los dientes de ajo y la mantequilla. Rociar bien la carne con la mantequilla durante unos minutos y, luego, hornear 10-15 minutos. Al terminar, dejar reposar la carne sobre una rejilla.

PARA LA SALSA DE PACHARÁN

En una sartén colocar el azúcar y a fuego suave convertirlo en caramelo. Entonces añadir el pacharán y el concentrado de tomate, y dejar que se integre bien. Luego, incorporar el vinagre y el resto de los ingredientes, y cocinar 30 minutos a fuego suave.

Pasado este tiempo, triturar el resultado hasta obtener una salsa lisa; colarla y rectificar la sazón.

PARA LAS VERDURAS

Pelar y cortar las zanahorias en rodajas gruesas al bies, colocarlas en una sartén bien extendidas, sin amontonar, cubiertas de agua, sazonadas y con la mantequilla, y dejar que hiervan suavemente durante unos 20 minutos hasta que se evapore el jugo y queden brillantes. Añadir la pera, sin dejar de dar vueltas, para que se le infiltre el calor y quede firme a la mordida. Partir las remolachas en dados y agregarlas a la verdura en el último minuto, antes de servir, para que les entre el calor. Rectificar la sazón y añadir unas gotas de vinagre y aceite.

ACABADO Y PRESENTACIÓN

- Trinchar la carne en rodajas finas con ayuda de un cuchillo afilado y servirla con el jugo de asado, los ajos, las chalotas y la salsa de pacharán. Guarnecer con las verduras. Listo.

TRUCO | Esta misma receta queda estupenda con paletillas de cordero o de cabrito, deshuesadas y asadas de la misma forma.

LOMO DE CERDO CON HONGOS Y SALSA CREMOSA

4 COMENSALES

INGREDIENTES

- 400 g de lomo de cerdo adobado
- 175 g de hongos frescos o *boletus edulis*
- 500 ml de caldo de carne
- 150 g de nata líquida
- 10 g de mantequilla
- 1 cucharada de aceite de oliva virgen extra
- 1 cucharada de vinagre de Jerez
- 1 cucharada de perifollo o perejil picado
- sal y pimienta

PARA TERMINAR

- espárragos frescos
- un chorrito de aceite de oliva
- sal y pimienta

PREPARACIÓN

En primer lugar, limpiar los hongos de todas las impurezas que puedan contener. Eliminar con ayuda de una puntilla afilada la base terrosa y todas las hojas que haya adheridas a lo largo de toda la pieza, incluido el sombrero. Retirar delicadamente las partes magulladas o comidas por pequeños animales o babosas. Entonces, con ayuda de un trapo ligeramente humedecido con agua, limpiar la superficie, eliminando todo rastro de tierra, arenilla o suciedad. A continuación, filetear las setas en rodajas gruesas y reservarlas. Sobre la misma tabla, cortar el lomo en filetes de unos 100 g cada uno, con cuidado de no lastimarnos.

Colocar el caldo en un cazo al fuego y reducirlo suavemente hasta que concentre el sabor y queden 50 ml o su equivalente, unas 4 o 5 cucharadas. Reservar.

Dorar los lomos de cerdo con el aceite de oliva en una cazuela ancha y baja antiadherente, dejándolos un minuto por cada lado a fuego fuerte. Retirar los filetes y reservarlos.

En el mismo cazo, añadir la mantequilla y saltear los hongos durante 2 minutos aproximadamente sin dejar de dar vueltas para que se cocinen por todos sus lados. Salpimentarlos. Entonces, añadir el caldo reducido y convertido en jugo, incorporar la nata y devolver al fondo los filetes de lomo cocinados y reservados. Dar un ligero hervor de un minuto hasta que espese la salsa sin que la carne se seque. Después, añadir el vinagre de Jerez, dar unas vueltas y servir rápidamente. Espolvorear el perifollo o el perejil picado y rectificar el sazonamiento.

ACABADO Y PRESENTACIÓN

- Servirlo con tallos crudos de espárragos trigueros cortados en láminas muy finas, aliñadas con una pizca de aceite de oliva, sal y pimienta.

TRUCO Si fuera necesario humedecer los hongos para eliminar impurezas o suciedad, hacerlo muy rápido bajo el chorro de agua fría, teniendo la precaución de que las setas no se empapen de agua porque son como esponjas. Secarlos rápidamente y emplearlos en la receta.

MOLLEJAS DE CORDERO CON ALMEJAS, NAVAJAS Y JUGO DE LECHUGA

4 COMENSALES

INGREDIENTES

MOLLEJAS
- 12 mollejas de cordero
- un chorrito de AOVE

ALMEJAS Y NAVAJAS
- 24 almejas
- 12 navajas
- sal

MANTEQUILLA CLARIFICADA
- 100 g de mantequilla

JUGO DE LECHUGA
- 1 lechuga tierna
- 50 g de mantequilla clarificada
- sal

PARA TERMINAR
- 2 cucharadas de AOVE
- sal y pimienta

PREPARACIÓN

PARA LAS MOLLEJAS

Poner las mollejas en agua con hielo para desangrarlas durante 12 horas o una noche en la nevera. Una vez desangradas, quitar impurezas o alguna vena si fuese necesario con ayuda de un cuchillo afilado y reservarlas embadurnadas de aceite en un bol, bien cubiertas.

PARA LAS ALMEJAS Y LAS NAVAJAS

Colocar las almejas y las navajas de 2 a 3 horas en un bol con agua fría y sal para eliminar la arena. Pasado el tiempo, escurrir con las manos.

PARA LA MANTEQUILLA CLARIFICADA

En un cazo al baño maría poner la mantequilla y dejar que se derrita. Una vez que el suero blanco se separe de la grasa translúcida, con mucho cuidado y con ayuda de un cacillo o una cuchara, pasar la grasa limpia a un bol.

PARA EL JUGO DE LECHUGA

Cortar la lechuga en cuatro, lavarla bien y hervirla durante 5 minutos. Sacar a un bol de agua con hielos para cortar la cocción. Triturar con una batidora junto con la mantequilla derretida. Rectificar la sazón y reservar en frío.

ACABADO Y PRESENTACIÓN

- Escurrir las mollejas, salarlas ligeramente y saltearlas en una sartén con un chorrito de aceite, 1 minuto por cada lado. A mitad de cocción, añadir una cucharada de mantequilla clarificada y pimentarlas generosamente. Colocarlas en un plato, pasarle a la sartén un papel y abrir rápidamente las navajas con un hilo de aceite.

- Hacer lo mismo con las almejas, abriéndolas sin que se sequen. Rescatar la carne de las navajas y cortarlas en 3 o 4 segmentos cada una, desperdigándolas sobre las mollejas. Colocar las almejas con su cáscara, recién abiertas. Colar, añadir el jugo resultante de abrir las conchas al jugo de lechuga y servirlo aparte en una salsera. Listo.

TRUCO | También funciona con mejillones y berberechos. Una pizca de ralladura de limón añadida al final sobre el plato le iría de perlas.

PARMENTIER DE PATO CON HIGOS

4 COMENSALES

INGREDIENTES

- 1 kg de patatas con su piel
- 8 muslos de pato confitados
- 12 higos secos
- 200 ml de nata
- 200 ml de leche
- 100 g de mantequilla
- 5 chalotas picadas
- 7 cucharadas de pan rallado
- 2 cucharadas de miel
- un manojo de cebollino picado
- sal y pimienta

PREPARACIÓN

Lavar las patatas y hervirlas desde agua fría en una cazuela con abundante agua salada. En cuanto arranque el hervor, contar unos 25 minutos o hasta que el filo de un cuchillo las atraviese con facilidad. Entonces, escurrirlas, entibiarlas, pelarlas cuidadosamente y pasarlas por un pasapuré o aplastarlas en un bol con la púas de un tenedor. En un pequeño cazo, calentar la nata, la leche, la mantequilla y echar la mezcla sobre la patata, removiendo hasta que quede bien integrado y untuoso, rectificando el sazonamiento.

En otra cazuela, calentar los muslos de pato en su propia grasa a fuego muy suave. Una vez calientes y la grasa fundida, escurrir los muslos, retirarles la piel y los huesos y desmenuzar la carne con las manos, que colocaremos en un bol. Si somos muy tiquismiquis, picar la carne a cuchillo para que quede bien fina.

Hidratar los higos secos con agua caliente durante 10 minutos, escurrirlos y picarlos. Finalmente, en una cacerola sofreír las chalotas con una pizca de la grasa de pato deshecha al fuego hasta que quede transparente. Entonces, añadir los higos y la miel, dar unas vueltas e incorporar la carne de pato y el cebollino, dejando que se mezcle bien y salpimentando si fuera necesario.

ACABADO Y PRESENTACIÓN

- Precalentar el horno a 180 °C. Con ayuda de una cuchara, cubrir el fondo de una bandeja con la carne deshilachada y cocinada de pato, aplastando bien. Cubrir con el puré sazonado y alisar la superficie. Después, espolvorear el pan rallado. Hornear durante 20 minutos hasta que la superficie se tueste y quede bien caliente.

TRUCO | La mejor guarnición para este plato es una buena ensalada verde aliñada con nueces o piñones tostados y una vinagreta generosa con mostaza, aceite de oliva virgen extra y vinagre de Jerez.

POLLO ASADO CON «GARROTE»

4 COMENSALES

INGREDIENTES

- 1 pollo limpio y eviscerado de unos 2 kg
- ½ cebolla troceada toscamente
- 1 vaso grande de agua
- ½ cabeza de ajos
- ½ cebolla troceada
- un buen chorrito de AOVE

PARA TERMINAR

- 1 cucharada de mostaza de grano
- zumo de ½ limón
- 1 cucharada de perejil picado
- sal y pimienta negra

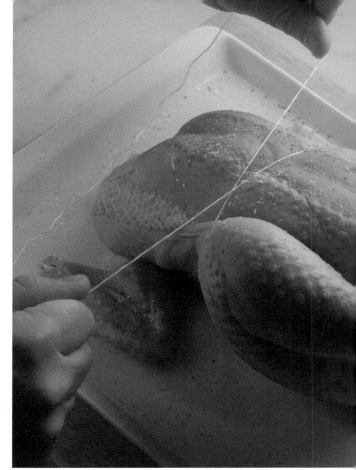

PREPARACIÓN

Sacar el pollo de la nevera al menos una hora antes de asarlo y sazonarlo generosamente por dentro y fuera. Frotar con las manos para que le entre bien la sazón, atarlo con hilo para dejar bien sujetas las patas y las pechugas aseguradas. Refregarlo con una chorrito de AOVE como si le diéramos crema para tomar el sol. En una gran fuente de horno colocar los ajos, la cebolla y apoyar el pollo en una de sus patas, colocado de costado. Verter el agua e introducir la bandeja en un horno precalentando a 180 °C. Asar por espacio de 15 minutos. Pasado ese rato, abrir la puerta del horno, rociar el pollo con su propio jugo y reclinarlo sobre el costado ya asado dejándolo otros 15 minutos. Seguir regando conforme avanza el asado. Transcurrido el tiempo, abrimos el horno y colocamos el pollo sobre su pecho, dejando su espalda hacia arriba. Asar otros 15 minutos. Seguir regando según avanza el asado.

Finalmente, poner el pollo con sus pechugas hacia arriba y terminar de asarlo hasta que coja un bonito color dorado, sin regarlo para que la piel cruja y no se reblandezca. Si fuera necesario en el transcurso de la cocción, añadir un poco más de agua al fondo de la bandeja para que salga una salsa abundante.

ACABADO Y PRESENTACIÓN

- Cubrir el pollo con papel de aluminio y dejarlo reposar 5-10 minutos antes de trincharlo para que los jugos se concentren en su interior y quede mucho más tierno.

- Recuperar el jugo colándolo en un cazo y retirar con una cuchara el exceso de grasa que se acumule en la superficie. Hervirlo y añadirle la mostaza, el zumo de limón y el perejil. Probar el sazonamiento, debe quedar desligado, ligero y de profundo sabor.

TRUCO | Un pollo está bien asado cuando se desprende con facilidad el muslo si lo empujamos y el jugo que suelta es translúcido.

PRESA DE CERDO IBÉRICO CON MIEL DE ESPECIAS Y ENDIVIAS CON VINAGRETA DE QUESO AZUL

4 COMENSALES

INGREDIENTES

- 1 presa de cerdo ibérico de 700 g
- 10 g de granos de pimienta negra
- 3 cucharadas de miel
- 5 g de anís estrellado
- 6 g de cardamomo
- 3 g de granos de cilantro
- 1 bastón pequeño de canela
- un chorrito de AOVE
- sal y pimienta

VINAGRETA DE QUESO AZUL

- 50 ml de vinagre de sidra
- 200 ml de AOVE
- 150 g de queso azul

PARA TERMINAR

- 6 endivias pequeñas lavadas
- sal

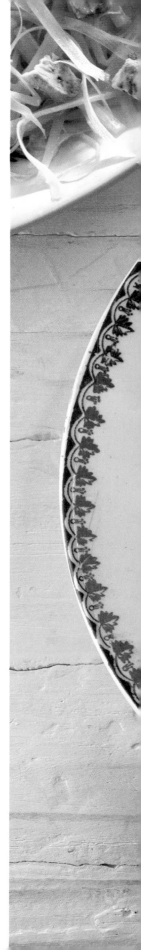

PREPARACIÓN

Cortar la presa de cerdo ibérico con un cuchillo haciéndole incisiones de 1 cm de profundidad a lo largo y ancho de toda la pieza. Salpimentar generosamente. Colocar la miel en una cazuela pequeña y arrimarla a fuego suave. En cuanto asome el primer hervor, añadir las especias, contar 1 minuto y retirar del fuego. Calentar una sartén antiadherente con un chorrito de aceite y, cuando esté bien caliente, colocar la presa y cocinar por ambos lados durante un par de minutos, rociando con la grasa. Eliminar el exceso de grasa que se acumule en el fondo, añadir por encima la miel especiada y terminar la cocción al horno a 180 °C durante 5-10 minutos, en función del punto que prefiramos, más o menos hecha. Sacarla del horno y dejarla reposar cubierta con papel de aluminio para que al trincharla no se escapen los jugos y quede mucho más jugosa.

PARA LA VINAGRETA

Colocar en un vaso de batidora eléctrica el queso y el vinagre de sidra, accionar a máxima potencia y añadir el aceite hasta conseguir una vinagreta emulsionada.

ACABADO Y PRESENTACIÓN

- Colocar la presa en una tabla y con un cuchillo cortarla en escalopes hermosos. Retirar la canela y recuperar el jugo de cocción del fondo que se habrá mezclado con la miel y las especias, resultando en una salsa muy sabrosa. Cortar las hojas de endivia a lo largo con un cuchillo si queremos que la ensalada nos quede más refinada. Acompañar con una ensaladera de endivias aliñadas con la vinagreta de queso y rectificar el sazonamiento. Listo.

TRUCO | Moler las especias en un mortero o en un molinillo de especias antes de añadirlas a la miel si queremos que quede más fino. Los granos de cardamomo se pueden pelar y emplear solo las semillas negras interiores.

RIÑONES DE CORDERO CON PATATAS Y HONGOS

4 COMENSALES

INGREDIENTES

- 12 riñones de cordero

ACOMPAÑAMIENTO

- 3 patatas
- 3 chalotas grandes
- 300 g de hongos crudos
- 1 mazo de perejil
- 1 nuez de mantequilla
- 1 chorrito de AOVE
- sal y pimienta

ACABADO

- 80 ml de AOVE
- 80 g de mantequilla

PARA LA SALSA

- 150 ml de caldo reducido o jugo de asado
- 50 ml de Oporto
- 3 chalotas en tiras finas
- 1 cucharada de mantequilla

PREPARACIÓN

PREPARAR LOS RIÑONES

Eliminar la grasa y la piel que recubre los riñones, suprimir todas las partes blancas y venas y cortarlos en rodajas de 1 cm de grosor.

PARA EL ACOMPAÑAMIENTO

Pelar las patatas, cortarlas en dados y pasarlas por agua. Pelar las chalotas y cortarlas en tiras finas. Lavar, deshojar y picar el perejil. Lavar y cortar los hongos en cuartos. Saltear a fuego suave en una sartén antiadherente las patatas lavadas en agua y secas con una nuez de mantequilla y un chorrito de aceite de oliva y sazonarlas. Ir subiendo poco a poco la intensidad hasta que vayan dorándose y cocinándose en su interior. Entonces, añadir las chalotas y los hongos y remover un poco. Seguir dando vueltas para que las setas suelten el agua y vayan tostándose progresivamente. Suele hacer falta un poco más de mantequilla.

ACABADO Y PRESENTACIÓN

- Calentar el aceite en una sartén grande y saltear los riñones salpimentados a fuego vivo durante algunos segundos. Es importante que no se pasen de punto, que queden crudos. Luego, escurrirlos sobre un colador para eliminar los jugos. Volver a colocar la sartén con la mantequilla a fuego suave y, cuando espume, volcar de nuevo los riñones, dejando que se doren ligeramente por espacio de 2 minutos. Escurrirlos y mantenerlos al calor.

- Eliminar la grasa y, en la misma sartén, añadir las chalotas, darles unas vueltas rápidas y desglasar con el Oporto, dejando que se evapore hasta que quede un jugo en el fondo. Por último, agregar el jugo de asado, rectificar la sazón, volcar los riñones salteados e incorporar la mantequilla. Menear y guarnecer o mezclar con el salteado de hongos.

TRUCO | A falta de hongos, sustituirlos por champiñones. Esta receta también se puede hacer con un buen hígado de ternera de leche cortado en tacos.

SOLOMILLO DE PATO CON SALSA DE REMOLACHA

4 COMENSALES

INGREDIENTES

SALSA

- 220 ml de jugo de remolacha
- 45 g de remolacha cruda en dados
- 120 ml de oporto blanco
- 60 g de chalota picada
- 55 ml de vinagre de Jerez
- 10 g de maicena
- 1 nuez de mantequilla (opcional)
- 1 pizca de salsa tabasco
- un chorrito de AOVE
- sal y pimienta

CONDIMENTO

- 1 pera
- 25 g de alcaparras pequeñas
- 4 champiñones crudos picados
- la ralladura de 1 limón
- un chorrito de AOVE

SOLOMILLO DE PATO

- 8 solomillos frescos de pato
- sal y pimienta

PREPARACIÓN

PARA LA SALSA

Pochar suavemente la chalota con una cucharada de aceite. Añadir el oporto y reducir hasta que seque. Entonces, mojar con el jugo de remolacha y el vinagre y, en cuanto arranque a hervir, añadir la maicena remojada en una pizca de agua fría. Tan pronto como la salsa comience a coger cuerpo, darle un meneo con unas varillas y poner a punto de sal y pimienta, añadiendo unas gotas de tabasco. Por último, agregar la remolacha en dados y apartar la salsa del fuego. Dejarla reposar. Luego, antes de servir, calentarla suavemente para que no se agarre y añadirle un hilo fino de aceite o una nuez de mantequilla para aportar brillo y sabor.

PARA EL CONDIMENTO

Picar finamente los champiñones y la pera pelada como si fuera una macedonia diminuta. Añadir la ralladura de limón y las alcaparras y ligar la mezcla con un hilo minúsculo de aceite.

ACABADO Y PRESENTACIÓN

- Limpiar los solomillos y eliminar el pequeño nervio que los atraviesa. Salpimentarlos generosamente y dorarlos en la sartén con una pizca de aceite, dejándolos en el punto deseado, más o menos hecho, según el gusto. Colocarlos en el plato, salsearlos y acompañar con una cucharada del condimento.

TRUCO | Si no encontramos oporto blanco, podemos sustituirlo por un vino blanco mezclado con un buen golpe de Cointreau.

SOLOMILLO DE PATO CON PIMENTÓN DE LA VERA Y MOSTAZA

4 COMENSALES

INGREDIENTES

- 6 solomillos de pato
- 250 ml de caldo de carne
- 200 ml de nata montada sin azucarar
- 60 g de mantequilla
- 2 cebollas dulces
- 2 cucharadas de mostaza antigua
- 2 cucharadas de AOVE
- 1 cucharadita de pimentón de la Vera
- sal y pimienta

PARA TERMINAR

- cilantro picado

PREPARACIÓN

Salpimentar los solomillos de pato y dorarlos rápidamente en una sartén antiadherente, vuelta y vuelta, para que queden jugosos y tostados por fuera. Reservarlos en un plato. Pelar y picar la cebolla finamente. En la misma sartén, añadir una pizca más de aceite y la mantequilla y sofreír la cebolla 15 minutos. Verter el caldo y dejar que reduzca unos 5 minutos. Agregar la nata y la mostaza, dejando que guise otros 5 minutos a fuego muy suave. Por último, espolvorear el pimentón y rectificar el sazonamiento.

ACABADO Y PRESENTACIÓN

- Devolver los solomillos al fuego con el jugo que hayan soltado en el plato y espolvorear el cilantro. Si no se es muy amigo del cilantro, espolvorear con abundante perejil picado. Dejar que adquieran de nuevo calor, sin que se sequen, y servirlos inmediatamente.

TRUCO | Podemos añadir al plato un buen puñado de patatas fritas en grasa de pato, bien escurridas, o guarnecer la preparación con una fuente de arroz blanco sofrito o salteado.

TARTA CRUJIENTE CON JAMÓN IBÉRICO

4 COMENSALES

INGREDIENTES

- 550 g de cebolleta en tiras finas
- 250 g de pulpa de tomate en dados (o tomate triturado)
- 50 g de tomate concentrado
- 80 ml de AOVE
- 50 g de jamón ibérico en dados
- 200 g de queso tierno de vaca rallado
- 100 g de mantequilla
- 3 discos de masa brick
- 3 rebanadas de pan de molde sin corteza
- 15 lonchas finas de papada ibérica
- 50 g de aceitunas verdes deshuesadas
- 6 ramitas de tomillo fresco
- pimienta negra molida

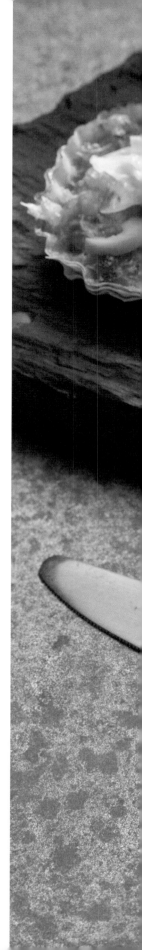

PREPARACIÓN

Sudar la cebolleta con aceite de oliva, agregar el jamón, la pulpa de tomate y el tomate concentrado, dejando que guise para se forme un sofrito sabroso y concentrado. Ojo con la sal, porque bastará el jamón para darle sazón. La cocción rondará los 45 minutos. Reservar.

Mientras, precalentar el horno a 180 °C. Derretir la mantequilla y, sobre una tabla o la encimera de la cocina, estirar una hoja de masa brick y, con ayuda de un cortante, realizar círculos e ir pintándolos con la mantequilla. Apoyar encima una segunda hoja de masa brick y repetir la operación. Terminar con una tercera, bien untada de mantequilla.

Meter los discos de masa pegados en el interior de pequeños moldes y apoyar en el fondo las rebanadas de pan, apretando contra los bordes para mantener la circunferencia y que haga de fondo de tarta, aplastando ligeramente.

Repartir el sofrito sobre el pan para que se empape bien y la base quede mojada y sabrosa, espolvorear el queso e introducir la base en el horno durante 20 minutos para que se concentre el sabor y quede de aspecto apetitoso, dorado.

ACABADO Y PRESENTACIÓN

- Al sacarla del horno, cubrirla con las lonchas de papada ibérica muy finas, que por la acción del calor quedarán translúcidas. Espolvorear la superficie con hojas de tomillo fresco y las aceitunas verdes deshuesadas. Pimentar generosamente.

TRUCO | Sobre cada tartaleta crujiente podemos rematar con un huevo de codorniz frito o a la plancha espolvoreado de pimentón de la Vera.

Martin Berasategui.

POSTRES

BIZCOCHO DE ACEITE Y FRUTOS ROJOS

4 COMENSALES

INGREDIENTES

- 250 g de harina
- 250 ml de leche
- 250 g de azúcar
- 175 g de frutos rojos congelados
- 175 ml de aceite de oliva virgen extra
- 125 g de huevos frescos
- 15 g de levadura en polvo
- mantequilla

PREPARACIÓN

En un bol y con unas varillas, batir los huevos con el azúcar hasta blanquearlos y obtener una textura muy esponjosa. Entonces, añadir la leche y el aceite con suavidad, en hilo fino y sin dejar de batir. Por último, incorporar la harina mezclada con la levadura (tamizadas para evitar que se cuelen grumos en la preparación) y mezclar de forma envolvente de abajo a arriba con una lengua para que se integren bien. Dejar reposar la masa en la nevera unas horas, bien cubierta.

Encender el horno a 180 °C. Pasado el tiempo de reposo, con ayuda de unas varillas batir de nuevo la masa para extraer todo el gas carbónico y devolverle la cremosidad. A continuación, forrar con mantequilla y espolvorear con una pizca de harina un molde de bizcocho y rellenar con la masa. Repartir los frutos rojos congelados de manera uniforme por la superficie.

Finalmente, hornear el bizcocho 30 minutos hasta que, al clavar una aguja en su interior, esta salga seca y sin rastro de masa húmeda. Dejar reposar el bizcocho fuera del horno y, en cuento esté templado, desmoldarlo. Listo.

TRUCO Teniendo en cuenta que dejamos reposar la masa del bizcocho para volver a montarla unas horas después, es preferible utilizar una batidora de cuba o de varillas eléctricas para lograr una mayor esponjosidad.

BIZCOCHO DE AVELLANA TOSTADA

INGREDIENTES

- 250 ml de leche entera
- 150 g de avellana en polvo
- 150 g de azúcar
- 130 g de mantequilla de avellana
- 125 ml de huevo entero fresco
- 100 g de praliné de avellanas
- 10 g de levadura en polvo

PREPARACIÓN

La mantequilla de avellana se obtiene calentándola suavemente a fuego suave y subiendo poco a poco la temperatura hasta que adquiera un color dorado y desarrolle un sabor a frutos secos. Podemos hacer la masa con varillas, a mano o emplear varillas eléctricas.

Combinar en un bol el huevo con el azúcar y accionar las varillas, batiendo hasta que la mezcla adquiera un aspecto blanqueado y espeso. Mientras, mezclar el praliné y la leche con ayuda de una batidora de mano para que quede bien unificado y verterlo en hilo fino sobre la mezcla anterior sin dejar de batir. Por último, hacer lo mismo con la mantequilla de avellana, añadirla sobre la masa en hilo fino suavemente. Retirar las varillas batidoras e incorporar la harina de avellana en polvo y la levadura, mezclando con una espátula de goma suavemente, haciendo movimientos envolventes. El resultado es una masa fina y homogénea. Cubrir la masa con papel film y dejarla reposar en la nevera unas 8 horas.

Encender el horno a 180 °C. Retirar la masa de la nevera y, con ayuda de unas varillas, menearla un poco para extraerle el gas y devolverle la cremosidad a la mezcla. Untar un molde de bizcocho con mantequilla y harina y rellenarlo con la masa. Hornear el bizcocho durante 45 minutos o hasta que, al pinchar con una aguja seca, esta salga ligerísimamente humedecida.

ACABADO Y PRESENTACIÓN

- Dejar templar el bizcocho y desmoldarlo antes de que se enfríe completamente, colocándolo del revés sobre una rejilla. Cuando se enfríe, meterle el cuchillo y disfrutarlo.

TRUCO | Este bizcocho queda de muerte emborrachado, y nada mejor que empaparlo con un carajillo de brandy de Jerez.

BIZCOCHO DE ZANAHORIA

4 COMENSALES

INGREDIENTES

- 300 g de zanahoria cruda rallada
- 150 g de nueces picadas
- 80 g de harina de almendras o almendras molidas
- 80 g de polvo de avellana o avellanas molidas
- 80 g de azúcar moreno
- 70 g de harina
- 50 g de azúcar en polvo
- 18 g de levadura en polvo
- 4 g de canela en polvo
- 2 huevos
- 2 g de sal

COBERTURA

- 500 g de queso crema
- 100 g de mantequilla en pomada
- 60 g de azúcar
- la ralladura de 1 naranja

ACABADO

- 10 pieles de naranja confitada
- 10 nueces

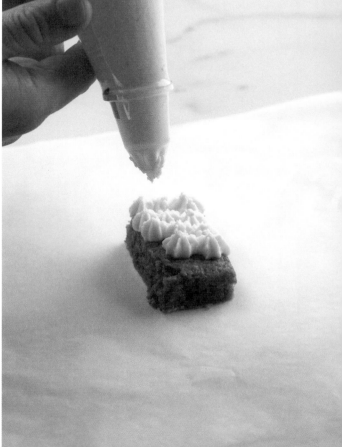

PREPARACIÓN

Precalentar el horno a 150 °C. En un robot de cocina con varillas, mezclar el azúcar en polvo, el azúcar moreno y el huevo a máxima velocidad hasta que esponje. Incorporar la harina de almendras y el polvo de avellanas. Tamizar la sal, la harina, la levadura y la canela e incorporar todo a la mezcla anterior, combinando bien con una lengua de goma para que se integre. A esta masa, añadir por último las zanahorias ralladas y las nueces picadas en trozos grandes. Verter directamente dentro de un molde untado de mantequilla y espolvoreado con harina y hornear durante 35 minutos. Pasado este tiempo, desmoldar el bizcocho y dejarlo enfriar sobre una rejilla.

PARA LA COBERTURA

En un bol y con la ayuda de una lengua, mezclar la mantequilla en pomada y el queso hasta formar una crema. Incorporar el azúcar poco a poco con la ralladura de la naranja con el fin de obtener una mezcla homogénea y untuosa.

ACABADO Y PRESENTACIÓN

- Con ayuda de una manga pastelera o una espátula, repartir la cobertura sobre el bizcocho y adornar con las pieles de naranja y las nueces.

TRUCO | Para darle un punto más gamberro al bizcocho, podemos emborrachar la miga con una mezcla de almíbar y ron o whisky con ayuda de un pincel.

CARAMELOS DE MANTEQUILLA SALADA Y PISTACHOS

4 COMENSALES

INGREDIENTES

- 190 g de mantequilla salada
- 60 g de pistachos tostados picados
- 900 ml de nata
- 690 g de azúcar
- 550 g de glucosa
- 12 g de flor de sal
- 1 vaina de vainilla
- 4 g de bicarbonato
- 4 g de lecitina de soja

PREPARACIÓN

Calentar la nata, la vaina de vainilla abierta y rascada y el bicarbonato. Hervir aparte el azúcar y la glucosa hasta alcanzar los 185 °C. Sobre esta mezcla añadir la mantequilla y la lecitina hasta que se integren bien, sin dejar de remover. Agregar la nata infusionada colada y la flor de sal. Combinar bien la mezcla y dejar que alcance al fuego los 118 °C. Luego, verter la mezcla en el interior de pequeños moldes de silicona para que tomen forma de caramelos cuadrados o rectangulares. Espolvorear la superficie con los pistachos picados y dejar reposar la mezcla 12 horas hasta que solidifique.

ACABADO Y PRESENTACIÓN

- Soltar los caramelos con cuidado y envolverlos en papeles de celofán, girando los extremos para cerrarlos y poder meterlos en un tarro o una caja.

TRUCO | Podemos saborizar los caramelos añadiendo otras especias en lugar de la vainilla: azafrán, canela, cardamomo o cáscaras de cítrico.

CIGARRILLOS DE PRALINÉ Y GIANDUJA

4 COMENSALES

INGREDIENTES

PRALINÉ DE AVELLANAS

- 550 g de avellanas peladas
- 380 g de azúcar
- 1 vaina de vainilla

GIANDUJA

- 210 g de pasta fluida de avellanas
- 160 g de chocolate con 70 % de cacao
- 120 g de praliné de avellanas
- 60 g de manteca de cacao
- 220 g de cacao amargo en polvo

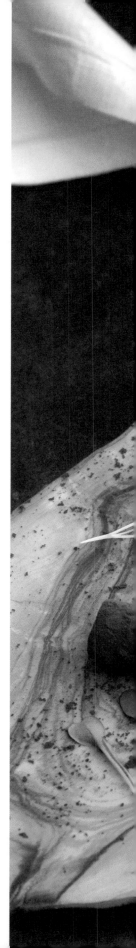

PREPARACIÓN

PARA EL PRALINÉ DE AVELLANAS

Dentro de una cacerola, elaborar un caramelo colocando el azúcar con la vaina de vainilla abierta. Luego, incorporar las avellanas. Caramelizar todo bien a fuego muy suave, sin dejar de dar vueltas, teniendo cuidado de que el caramelo no se queme. Enfriar la mezcla estirada sobre un papel o silpat y, una vez cristalizada, triturar en un vaso seco de batidora hasta convertirla en una pasta que dará como resultado el praliné de avellanas.

PARA LA GIANDUJA

Mezclar la pasta de avellana y el praliné en un bol. Fundir a baño maría el chocolate y la manteca de cacao. Podemos hacerlo también en el microondas. Mezclar la primera pasta de avellana y el praliné con el chocolate y la manteca fundidos, combinando bien. Verter la mezcla en moldes bombonera y dejar cristalizar, o introducir la mezcla en una manga y, cuando endurezca, estirar churros sobre una bandeja con papel de horno o silpat. Enfriar.

ACABADO Y PRESENTACIÓN

- Para terminar, pasar los churros por el cacao amargo en polvo y, con una tijera, ir cortándolos en forma de cigarrillos. Mantenerlos en un lugar seco y alejados del calor. Listo.

TRUCO | En vez de pasar los cigarrillos por cacao en polvo, podemos rebozarlos en granillo de frutos secos tostados, avellanas, almendras, nueces de macadamia o cacahuetes.

CREMA CUAJADA DE VAINILLA– CHOCOLATE

4 COMENSALES

INGREDIENTES

CREMA DE CHOCOLATE

- 180 g de chocolate con sal con 60 % de cacao
- 40 g de yema de huevo
- 35 g de azúcar
- 140 ml de nata
- 140 ml de agua

CREMA DE VAINILLA

- 100 g de yema de huevo
- 50 g de azúcar moreno
- 250 ml de nata
- 25 ml de agua
- 3 g de pectina
- unas gotas de vainilla líquida

PREPARACIÓN

PARA LA CREMA DE CHOCOLATE

En una cazuela mezclar las yemas con el azúcar, añadir la nata y el agua, remover y arrimar al fuego muy suave hasta que la mezcla alcance los 82 °C sin dejar de menear. Colocar el chocolate troceado en un bol. Entonces, verter la mezcla caliente sobre el chocolate, esperar 30 segundos para que comience a fundir y remover la mezcla con una varilla para formar una crema. Una vez bien disuelta, batir enérgicamente para generar una buena emulsión y darle elasticidad a la preparación. Verter la crema en boles anchos y bajos de altura, rellenando hasta la mitad. Dejarlos reposar en la nevera o un congelador para que se enfríen bien.

PARA LA CREMA DE VAINILLA

En una cazuela juntar el agua, la nata, la vainilla, la pectina y el azúcar y arrimar al fuego suave hasta que empiece a hervir ligeramente. Pasar la mezcla a través de un colador a un vaso de batidora, añadir las yemas y batirlo con una batidora eléctrica unos 20 segundos. Con el mismo colador, verter la crema recién hecha sobre las cremas de chocolate (de forma que queden dos capas) y dejarlas reposar bien metidas en la nevera por espacio de unas 2 horas.

ACABADO Y PRESENTACIÓN

- Sacar las cremas de la nevera 20 minutos antes de comerlas y caramelizarlas ligeramente con una pala incandescente o un soplete.

FINANCIER RELLENO DE TOFE DE VAINILLA Y CAFÉ

4 COMENSALES

INGREDIENTES

FINANCIER

- 215 g de claras de huevo
- 200 g de mantequilla de avellana calentada al fuego hasta que espume, se tueste y adquiera un color dorado
- 200 g de azúcar en polvo tamizada
- 120 g de polvo de almendra fino tamizado
- 80 g de harina de pastelería
- 20 g de miel de acacia
- azúcar moreno para espolvorear

TOFE DE VAINILLA Y CAFÉ

- 250 g de azúcar avainillado
- 250 ml de nata líquida
- 20 ml de leche
- 10 g de café soluble

PARA TERMINAR

- almendras garrapiñadas
- azúcar en polvo

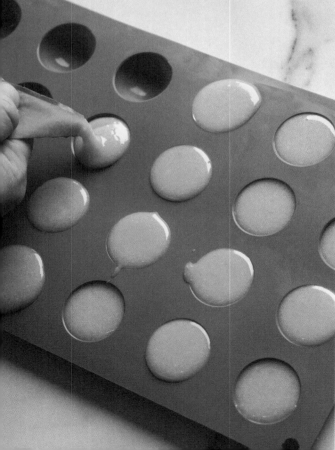

PREPARACIÓN

PARA EL FINANCIER

En un cazo calentar la mantequilla de avellana a unos 90 °C y añadir la miel, mezclando bien y dejando que temple ligeramente. En un bol ancho combinar la harina, el azúcar en polvo y la almendra en polvo. Con ayuda de unas varillas incorporar la clara de huevo en hilo fino, poco a poco, y remover para que la mezcla se integre bien. Seguidamente, añadir la mantequilla con la miel de la misma forma hasta obtener una masa fina, lisa y homogénea.

Reservar esta masa en el mismo bol durante 12 horas en la nevera, bien tapada. Pasado ese tiempo, calentar el horno a 180 °C. Con ayuda de una cuchara, rellenar con la masa unos pequeños moldes de magdalena o financier de metal o silicona. Una vez rellenos, espolvorear con azúcar moreno y hornearlos durante 8-10 minutos. Extraer del horno y desmoldar antes de que se enfríen para que no se peguen.

PARA EL TOFE DE VAINILLA Y CAFÉ

En una sartén o *sauté* caramelizar a fuego suave el azúcar sin que se queme y hasta obtener un caramelo rubio. Añadir la nata calentada ligeramente en el microondas y dejar que se integre bien en el caramelo a fuego suave. Entonces, añadir el café soluble, mezclar e incorporar por último la leche tibia. Retirar del fuego y dejar enfriar antes de meter la mezcla en la nevera, bien cubierta.

ACABADO Y PRESENTACIÓN

- Por último, pasar a una manga pastelera el tofe frío y rellenar los financiers por su base para que escondan un corazón tierno y cremoso.

- Hacerles por encima una filigrana con la misma crema y rematarlas con granillo o palitos de almendra garrapiñados o tostados o espolvoreando simplemente con azúcar en polvo.

TRUCO | Si nos resulta engorroso hacer el tofe, podemos rellenarlas de dulce de leche, una crema de cacao de nuestro gusto o una mermelada o jalea cítrica.

GALLETA SABLÉ DE QUESO COMTÉ

---

4 COMENSALES

INGREDIENTES

SABLÉ DE QUESO COMTÉ

- 215 g de queso comté rallado
- 435 g de harina
- 215 g de mantequilla
- 32 ml de aceite de oliva virgen extra
- 12 g de sal

CREMA DE QUESO COMTÉ

- 140 g de queso comté rallado
- 200 ml de leche
- 100 g de mantequilla en pomada
- 80 ml de yema de huevo
- 17 g de maicena
- 4 g de sal

PREPARACIÓN

PARA EL SABLÉ DE QUESO COMTÉ

En primer lugar tamizar la harina y la sal. En el bol de una batidora amasadora con pala, batir la mantequilla suavemente durante 2 minutos aproximadamente hasta que adquiera cremosidad. Entonces, agregar el queso rallado en tres veces e incorporar el aceite en hilo fino, muy suavemente para que no se baje la emulsión. Una vez bien absorbidos el queso y el aceite, agregar en tres veces la harina y la sal tamizadas, bajando la velocidad al mínimo para continuar mezclando hasta que quede bien integrado. Después, colocar la masa entre dos papeles y estirar con un rodillo hasta alcanzar unos 2 mm de grosor. Refrigerar en la nevera unos 30 minutos.

Luego, precalentar el horno a 165 °C. Con la ayuda de un cortapastas, cortar la masa sablé en rectángulos y meterlos unos minutos en el congelador para que endurezcan ligeramente. Para hornearlos, colocarlos sobre una bandeja rápidamente y dorarlos 12 minutos. Dejarlos enfriar a temperatura ambiente. Guardarlos en un lugar seco.

PARA LA CREMA DE QUESO COMTÉ

En un bol mezclar las yemas, la maicena y la sal con una varilla. Hervir la leche en un cazo hondo y verter un tercio sobre la mezcla anterior. Remover y vertir ahora sobre la leche, cocinando la crema sin dejar de remover con una varilla durante unos 3-5 minutos. Volcar la crema caliente en un bol, agregar el queso rallado y batir con la ayuda de una batidora. Por último, incorporar la mantequilla de forma que quede una crema lisa y untuosa. Dejar enfriar a temperatura ambiente tapada con film.

ACABADO Y PRESENTACIÓN

- Rellenar las galletas con la crema como si fuera un milhojas y servir.

TRUCO | **Para rallar el queso, es mejor utilizar los ralladores tipo «microplane», porque el queso se integra mejor en la crema y, sobre todo, en la masa de galleta.**

GALLETAS DE CHOCOLATE Y ALMENDRAS

4 COMENSALES

INGREDIENTES

- 320 g de harina
- 250 g de mantequilla en pomada
- 250 g de azúcar moreno
- 125 ml de huevos
- 120 g de harina de almendras
- 200 g de azúcar
- 320 g de pepitas de chocolate
- 4 g de pasta de vainilla o vainilla líquida
- 5 g de levadura en polvo
- 4 g de sal
- un puñado de almendras picadas

PARA TERMINAR

- cacao en polvo
- canela
- azúcar en polvo

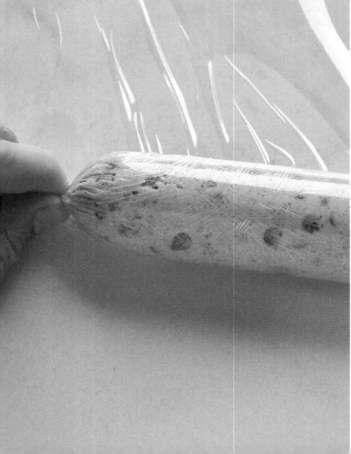

PREPARACIÓN

Colocar en el bol de la batidora con varilla la mantequilla pomada con el azúcar y el azúcar moreno y batir enérgicamente. Sin dejar de remover, ahora con más suavidad, agregar poco a poco la pasta de vainilla y, luego, los huevos con el fin de obtener una pasta perfectamente homogénea. Verter la harina previamente tamizada junto a la levadura, seguir mezclando e incorporar la harina de almendras y la sal. Agregar las pepitas de chocolate. Tomar la masa y realizar dos rollos o chorizos alargados y meterlos en el congelador envueltos en papel film.

Precalentar el horno a 170 °C. Cuando vayamos a hornear las galletas, sacar los chorizos del congelador, cortarlos en discos gruesos de unos 50 g con un cuchillo y apoyarlos con espacio entre ellos sobre una placa de horno con papel de cocina. Espolvorear por encima el granillo de almendra y hornear las galletas 10-12 minutos. Luego, retirar del horno y dejar enfriar sobre una rejilla.

ACABADO Y PRESENTACIÓN

- Espolvorear las galletas con cacao en polvo o una mezcla de azúcar en polvo y canela. Listo.

TRUCO | Además del granillo de almendra espolvoreado, unos granos de sal de calidad sobre cada galleta, antes de hornearla, dan un toque especial, acentuando aún más el sabor.

GOFRE CON GANACHE DE CHOCOLATE BLANCO Y QUESO

4 COMENSALES

INGREDIENTES

GOFRE

- 270 g de harina tamizada
- 270 g de mantequilla en trozos
- 250 ml de leche entera
- 100 ml de clara de huevo
- 85 ml de agua
- 60 g de azúcar perlado
- 40 g de azúcar en polvo
- 1 g de esencia de vainilla
- 1 g de sal

GANACHE DE CHOCOLATE BLANCO Y QUESO

- 240 g de chocolate blanco troceado finamente
- 290 ml de nata
- 425 g de queso crema fresco de cabra
- 280 ml de nata
- 35 g de azúcar

MERMELADA DE ARÁNDANOS

- 1.150 g de arándanos
- 115 g de azúcar
- 5 cortezas de limón verde

PREPARACIÓN

PARA EL GOFRE

Hervir en un cazo la leche, el agua y la mantequilla y, en cuanto borbotee ligeramente, apartar y añadir la vainilla fuera del fuego. Cuando esté templada, verter en un bol la mezcla sobre la harina en hilo y mezclar con una varilla para que forme una crema. En otro bol montar las claras con el azúcar en polvo y la sal a punto de nieve. Incorporar las claras con cuidado a la masa anterior y, con una espátula de goma, envolver con delicados movimientos. Por último, agregar el azúcar perlado. Tapar bien la mezcla con papel film y dejarla reposar a temperatura ambiente durante 30 minutos. Precalentar la gofrera a 180 °C y engrasar la superficie con una pizca de mantequilla derretida. Verter la masa de gofre con la ayuda de un cazo, cerrar y cocinarla durante 6-8 minutos hasta que dore y el interior se cocine.

PARA EL GANACHE DE CHOCOLATE BLANCO Y QUESO

Hervir la primera cantidad de nata con el azúcar y, en cuanto asome el primer borbotón, verter progresivamente la mezcla sobre el chocolate sin dejar de menear en el centro para crear un núcleo elástico y brillante, señal de que emulsiona correctamente. Después, incorporar la segunda cantidad de nata fría y el queso crema, integrándolo todo bien. Reservar en la nevera durante unas horas para que coja cuerpo. Corregir la textura si fuera necesario con un poco de nata hasta obtener una crema lisa y untuosa.

PARA LA MERMELADA DE ARÁNDANOS

Poner a calentar todos los ingredientes en un cazo. Cuando arranque el hervor, cocinarlos a fuego muy suave durante aproximadamente 45 minutos hasta obtener una textura de mermelada. Enfriarla.

ACABADO Y PRESENTACIÓN

- Servir los gofres recién hechos y calientes salseando con el ganache de chocolate blanco y queso y la mermelada de arándanos.

TRUCO | Podemos añadir a la masa de gofre algunas frutas rojas troceadas justo antes de cerrar la gofrera para que queden atrapadas. Y si no queremos elaborarla en casa, comprar una buena mermelada.

MOUSSE DE CHOCOLATE

4 COMENSALES

INGREDIENTES

- 180 g de chocolate negro con 70 % de cacao
- 75 g de chocolate con leche con 40 % de cacao
- 150 ml de nata
- 75 ml de leche entera
- 3 yemas de huevo
- 3 claras de huevo
- 20 g de azúcar en polvo

PARA TERMINAR

- frutos rojos
- frutos secos garrapiñados
- virutas de chocolate

PREPARACIÓN

En un cazo hervir suavemente la nata y la leche. Cuando hierva, retirar del fuego y verterlas sobre los chocolates picados a cuchillo y colocados en un bol. Dejar unos minutos sin tocar para que el chocolate se derrita completamente. Entonces, meter una varilla o una cuchara de palo y poco a poco integrar la mezcla hasta formar una crema derretida. Incorporar las yemas de huevo, romperlas y mezclarlas rápidamente hasta lograr una crema homogénea y brillante.

En un bol montamos las claras de huevo con ayuda de unas varillas y, una vez que monten ligeramente, agregamos el azúcar para que tome aspecto de merengue firme. En cuanto esté montado, incorporar en tres veces este merengue sobre la mezcla derretida de chocolate, poco a poco, con sumo cuidado y con la varilla, terminando con una lengua de goma y de forma envolvente para que quede una *mousse* esponjosa y suave. Volcar la mezcla en pequeñas copas de cristal, cubrirlas con papel film para que no cojan olores y meterlas en la nevera un buen rato para que se refresquen.

ACABADO Y PRESENTACIÓN

- Para servirlas, acompañarlas con frutos rojos (fresas, grosellas o frambuesas), frutos secos garrapiñados o unas virutas de chocolate. Coronar con una punta de menta fresca le dará su puntillo. Podemos mantenerlas en la nevera unos tres días.

TRUCO | Conviene sacar la *mousse* de la nevera un buen rato antes para no comerla fría del todo y que recobre su esponjosidad y el chocolate, su gusto.

PANNA COTTA DE LIMONCILLO Y FRUTOS ROJOS

4 COMENSALES

INGREDIENTES

PANNA COTTA

- 555 ml de nata
- 150 g de limoncillo (o citronela)
- 90 g de azúcar
- 3 hojas de gelatina (6 g) remojadas en agua fría

COMPOTA DE FRUTOS ROJOS

- 1 cucharada de mermelada de fresa
- 250 g de fresas, frambuesas y arándanos
- ½ lima

PARA TERMINAR

- menta fresca
- virutas de chocolate negro

PREPARACIÓN

PARA LA PANNA COTTA

Unas horas antes de hacer el postre, hervir la nata en un cazo a fuego muy suave, añadiendo el limoncillo picado a cuchillo. Al primer hervor, retirar del fuego y tapar con un plato o cubrir con papel film, para dejar que repose. Una vez frío, meterlo en la nevera y dejarlo unas horas para que la nata se empape de sabor.

Pasado el tiempo, colar la mezcla para eliminar el limoncillo y arrimarla de nuevo a fuego suave. Añadir el azúcar, remover para disolverlo e incorporar las gelatinas remojadas, escurridas con las manos para eliminarles el exceso de agua. Remover hasta obtener una mezcla homogénea y verter en copas de cristal o en tazas. Guardarlas en la nevera al menos 2 horas, bien cubiertas con papel film para que no cojan olores desagradables.

PARA LA COMPOTA DE FRUTOS ROJOS

Cortar las frambuesas a la mitad y las fresas en dados, y colocar todos los frutos rojos en un bol. Mezclar la mermelada de fresa con las frutas, añadir el zumo y la ralladura de la media lima.

ACABADO Y PRESENTACIÓN

- De forma elegante colocar sobre las panna cottas los frutos rojos aliñados con la mermelada. Adornar con hojas de menta y virutas de chocolate negro.

TRUCO | Media hora antes de comer el postre, sacar las panna cottas de la nevera para que pierdan el frío y queden más cremosas y aromáticas.

PANNA COTTA DE VAINILLA Y PASIÓN

4 COMENSALES

INGREDIENTES

BASE DE PANNA COTTA

- 500 ml de nata
- 60 g de azúcar
- 2 hojas de gelatina
- ½ rama de vainilla

CARAMELO

- 60 g de azúcar
- 50 ml de zumo de naranja
- 50 ml de zumo de fruta de la pasión
- 50 ml de agua
- ½ rama de vainilla

PARA TERMINAR

- menta fresca, cáscara de naranja
  o unos cilindros de merengue seco

PREPARACIÓN

PARA LA PANNA COTTA

Abrir la vainilla a lo largo sobre una tabla con la ayuda de un cuchillo pequeño y extraer todos los granos de su interior. Añadirlos junto a la rama al fondo de un cazo, cubrir con la nata y el azúcar y arrimar al fuego muy suave hasta que surjan los borbotones ligeros. Entonces, tapar con un plato o papel film y dejar que repose unos 15 minutos. Colar la mezcla a una jarra y añadir la gelatina, previamente remojada en agua fría y escurrida. Mezclar bien con una varilla, sin agitar para que no se formen burbujas de aire. Verter la mezcla en 4 pequeños boles o vasos individuales de cristal y dejar que cuaje en la nevera 1 hora.

PARA EL CARAMELO

En una cacerola poner el azúcar y la media vaina de vainilla abierta y raspada. Fundir a fuego muy suave para que no se queme hasta convertirlo en un caramelo rubio. A continuación, bajar el fuego al mínimo y añadir el zumo de fruta de la pasión, el agua caliente y el zumo de naranja muy poco a poco, sin dejar de remover con una varilla, para que se unifique el caramelo. Dar un hervor rápido y colar el caramelo para evitar impurezas. Después, dejar enfriar completamente a temperatura ambiente.

ACABADO Y PRESENTACIÓN

- Una vez frías, sacar las panna cottas de la nevera un rato antes de comerlas para que ganen un poco de temperatura y estén más sabrosas. Cubrirlas ligeramente con una fina película de caramelo, extendido con una cuchara, como si de miel se tratara. Adornar con menta fresca, cáscara de naranja o unos cilindros de merengue seco.

TRUCO | Para que las panna cottas no cojan gustos extraños en la nevera, conviene cubrirlas con un papel film cuando las dejemos cuajar al fresco.

PASTEL
DE CHOCOLATE

4 COMENSALES

INGREDIENTES

PASTEL DE CHOCOLATE

- 55 g de chocolate negro fundido
- 280 ml de huevo
- 80 g de miel
- 135 g de azúcar
- 80 g de polvo de avellanas
- 125 g de harina
- 30 g de cacao en polvo
- 125 ml de nata
- 25 ml de ron
- 8 g de levadura en polvo
- 95 g de mantequilla derretida

GLASEADO DE PRALINÉ DE CHOCOLATE NEGRO

- 300 g de chocolate negro
- 150 g de praliné fluido de almendras
- 60 g de almendras picadas

PREPARACIÓN

PARA EL PASTEL DE CHOCOLATE

Mezclar con ayuda de unas varillas los huevos, la miel y el azúcar sin que llegue a blanquear. Tamizar y mezclar el polvo de avellanas, la harina, la levadura en polvo y el cacao en polvo, luego ir agregando a la primera mezcla batida de huevos y azúcar. Después, verter la nata, seguido el ron. Terminar con el chocolate fundido y la mantequilla derretida. Dejar reposar la masa de 2 a 3 horas en la nevera, bien cubierta.

Precalentar el horno a 160 °C. Colocar la masa en el interior de un molde de bizcocho previamente untado de mantequilla y espolvoreado con harina. Hornear 45 minutos. Desmoldarlo en templado y dejarlo enfriar sobre una rejilla.

GLASEADO DE PRALINÉ DE CHOCOLATE NEGRO

Fundir el chocolate negro al microondas y mezclar con el praliné. Tantear la temperatura con un termómetro y llegar hasta los 45 °C a golpes de microondas o en un baño maría. Una vez alcanzada, bajar la temperatura a 25 °C y menear la mezcla en el bol sobre una superficie fría o la encimera de la cocina. Esto lo hacemos para que el glaseado se fije sobre el pastel y quede brillante. Añadir las almendras.

ACABADO Y PRESENTACIÓN

- Remover el glaseado y verterlo sobre el bizcocho puesto en una rejilla para que se deslice sobre la superficie y quede con aspecto de pastel de vitrina de pastelería elegante.

TRUCO | Podemos partir el bizcocho en dos, emborracharlo y rellenarlo de mermelada de naranja antes de embadurnarlo con el glaseado de praliné.

ROCAS DE CHOCOLATE CON SAL Y CEREALES

4 COMENSALES

INGREDIENTES

- 210 g de chocolate con leche
- 28 g de manteca de cacao
- 70 g de avellanas
- 28 g de pistachos
- 40 g de copos de maíz o cereales del desayuno
- 50 g de higos pasos picados
- 40 g de barquillo
- 1,5 g de sal

PREPARACIÓN

En un horno tostar los frutos secos a 150 °C durante unos 15 minutos para que queden ligeramente torrefactados y saquen todo el aroma. Podemos hacerlo también en una sartén antiadherente puesta a fuego suave. Disponer los frutos secos en un pliego de papel sulfurizado y pasar por encima el rodillo para romperlos en pedazos menudos.

Aparte, fundir al baño maría (o en el microondas) el chocolate con leche y la manteca de cacao a 45 °C, cuidadosamente y sin dejar de remover. Añadir los frutos secos sobre el chocolate y remover, incorporando los copos de maíz o cereales, los higos, el barquillo roto con las manos y la sal.

ACABADO Y PRESENTACIÓN

- Formar pequeñas rocas con ayuda de un par de cucharillas, posándolas sobre papel sulfurizado. Una vez hechas, dejarlas reposar a temperatura ambiente y refrescarlas ligeramente en la nevera para que no se deshagan por un golpe de calor. Comerlas tal cual o acompañando al café o a un trago de ron añejo.

TRUCO | Podemos darle un punto a las rocas experimentando con otros frutos secos y añadiendo albaricoques, orejones de melocotón en dados, jengibre escarchado o corteza de limón confitada y picada.

TARTA JARA

INGREDIENTES

GALLETA DE MANTEQUILLA

- 100 g de harina
- 100 g de mantequilla
- 45 g de azúcar en polvo
- 1 g de sal

RELLENO DE MANDARINA CONFITADA

- 110 g de azúcar en polvo
- 100 g de polvo de almendras
- 100 g de cáscara de mandarina confitada
- 40 ml de agua
- 40 ml de nata
- 1 gota de agua de azahar

MERENGUE

- 100 g de clara de huevo
- 85 g de azúcar en polvo
- 85 g de polvo de almendras
- 40 g de azúcar

CHANTILLÍ DE BRANDY

- 200 ml de nata
- 10 g de azúcar en polvo
- 30 ml de brandy

PARA TERMINAR

- 1 puñado de avellanas partidas en dos
- azúcar en polvo

PREPARACIÓN

PARA LA GALLETA DE MANTEQUILLA

Precalentar el horno a 150 °C. Mezclar la mantequilla con el azúcar hasta que quede una pasta homogénea. Incorporar la harina sin trabajar en exceso la masa y la sal. Estirar la mezcla entre dos papeles sulfurizados y cortar una circunferencia de 18 cm de diámetro con un aro de molde metálico. Hornear sobre el papel a 150 °C durante 10 minutos.

PARA EL RELLENO DE MANDARINA CONFITADA

Mezclar el polvo de almendras y la cáscara de mandarina confitada cortada en tiras finas con ayuda de un robot, elevando la mezcla a 105 °C. Si no disponemos del aparato, lo hacemos en un bol con varillas colocado sobre un baño maría. Después, añadir el azúcar, el agua, la nata y el agua de azahar y triturar hasta que quede completamente integrado. Meter en una manga pastelera y reservar en la nevera.

PARA EL MERENGUE

Mezclar el azúcar en polvo con la almendra. Montar a punto de nieve las claras junto al azúcar con ayuda de unas varillas. Mezclar todo con mucho cuidado y de forma envolvente para que no se bajen las claras. Pasar la mezcla a otra manga pastelera.

PARA EL CHANTILLÍ DE BRANDY

Montar la nata con el azúcar y añadir el brandy.

ACABADO Y PRESENTACIÓN

- Sobre la galleta horneada en la bandeja de horno y metida en el molde de aro metálico, colocar una circunferencia de relleno de mandarina sin llegar al borde.

- Sobre el relleno, cubrir con el merengue haciendo una espiral hasta terminar la mezcla, finalizando con unas avellanas partidas en dos y espolvoreando azúcar en polvo. Hornear a 170 °C durante 20 minutos. Luego, bajar la temperatura a 150 °C y mantener en el horno 15 minutos más. Dejar enfriar antes de desmoldar. Cortar una ración y acompañarla con el chantillí.

TRUCO | Se puede utilizar naranja, cerezas o pomelo confitados para elaborar el relleno de esta tarta y aromatizar el chantillí con cáscara de cítrico recién rallada.

TRUFAS DE CHOCOLATE Y TÉ

4 COMENSALES

INGREDIENTES

- 300 ml de nata
- 16 g de té Earl Grey
- 75 g de miel
- 300 g de chocolate negro con 64 % de cacao
- 75 g de mantequilla en pomada

PARA TERMINAR

- 120 g de cacao en polvo

PREPARACIÓN

En una cazuela a fuego muy suave, calentar 200 ml de nata líquida. Cuando esté a punto de hervir, añadir el té y dar unas vueltas, tapar con un plato y dejar que infusione 5 minutos. Descubrir, completar con los 100 ml restantes de nata y colar a otra cazuela limpia, apretando bien. Incorporar la miel, acercar de nuevo a fuego suave y, cuando aparezca el primer hervor, verter un tercio de la preparación sobre el chocolate picado, metido en un gran bol. Remover enérgicamente con ayuda de una lengua de goma con el fin de crear un núcleo elástico y brillante y, sin dejar de batir, agregar progresivamente el resto de la nata hervida. Por último, incorporar la mantequilla y mezclar hasta obtener una crema o ganache lisa y homogénea. Verter la preparación sobre una bandeja forrada de papel film y colocar sobre ella más papel film de manera que quede en contacto con la mezcla.

Dejar reposar en la nevera hasta que enfríe.

ACABADO Y PRESENTACIÓN

- Retirar el papel y, con ayuda de un cuchillo afilado, cortar la placa de ganache en rectángulos uniformes, rebozándolos en cacao en polvo. Conservar las trufas en un lugar fresco o en la nevera, bien tapadas.

TRUCO | Si queremos que la ganache quede bien fina, meterle la batidora eléctrica accionando la máxima potencia unos segundos para perfeccionar la textura.

ÍNDICE DE INGREDIENTES